幼児教育・女子教育の先達

豊田芙雄とその時代

小野孝尚 編著

茨城新聞社

豊田芙雄肖像

水戸での教え子たちと共に
（肖像等写真三葉 茨城県立歴史館寄託 高橋清賀子家文書）

本書を高橋清賀子先生の御霊前に献じます

豊田芙雄を語る

高橋清賀子

豊田芙雄は、八十一歳で水戸市大成女学校の校長に就任しておりますので、私もまだまだまだ頑張らなくてはならないと思っております。大成学園茨城女子短期大学開学五十周年を心からお祝い申し上げます。そして、豊田芙雄ゆかりの学園でお話をすることが出来ますことを誠に光栄に存じます。いろいろとご配慮をいただきました小野学長先生に御礼を申し上げます。実は昨日、常磐墓地にお参りしましたところ、小野学長先生がすでにお参りされておられたことを知りまして、大変に恐縮しております。毎年末には、家族揃って東京から水戸の常磐墓地にお参りをすることになっております。

私は、田見小路（水戸市北見町）にあった屋敷で生まれました。現在は、朱舜水像が建っている所です。四人きょうだいの長女です。芙雄が九十七歳で亡くなるまで、私が三歳まで一緒に暮らしました。母が私を妊娠した時には、芙雄は、大変喜んで、お腹の子に良い感覚が育まれるように「美しいものを見なさい」「優しい子どもが生まれるからね」と気遣いされながら、ひ孫である私の誕生をとても楽しみにしていたようです。

芙雄自身は、子どもを産んでいませんので、乳飲み子の面倒を見るのは、私が初めてだったのかなと思っていたのですが、資料を整理していたら分かったことがありました。芙雄が十二歳の時に、母の雪子が弟の政を出産して間もなく亡くなります。姉の立子と二人で弟の世話を、実際に子育てをしていたのです。保育実習をしていたのです。この経験が、後に幼児教育に携わる時のバックボーンになっていたのです。

夫の小太郎（名は靖、号は香窓）との少ない時間の中で、小太郎から芙雄へどれだけ価値のあることを語られたか。小太郎の「もっと世界に目を開いて、良いものは取り入れて」と蘭学を学んでいる姿も見せているし、語ってもいます。オランダ語も英語も勉強していました。外国への思いが強くありました。その勉強している姿や語らいがあっての芙雄の九十七年の生涯であったと思います。私はそう思いますね。

小太郎との生活は、たった四年ですが、普通の夫婦では出来ないようなものを語って逝ったのでしょうね。そのことが芙雄を生かしたのですから。小太郎の鎧と一緒に撮った写真があります。あれは、「二人で共に生きてきた」という芙雄の強い思いを表したものと思います。

小太郎が三十三歳で脱藩して京都に上り、本圀寺の辺りで暗殺された時、芙雄は二十二歳。五年に満たない短い結婚生活ではありましたが、芙雄は、舅天功や夫小太郎の志を継ぐべく、小松崎家に養子に出ていた夫の弟友徳の子、幼い伴を藩命により嗣子として育てました。

芙雄は、松野クララから幼児教育の伝習を受けるのですが、すぐに子どもを集めて幼稚園を始めるわけですから、伝習と同時進行です。またクララが妊娠したこともあって伝習も不定期になっていったようですが、芙雄は、幼児教育に不安は感じていなかったと思います。同僚の近藤浜は歌や遊戯に長けていたところがあって助かったと芙雄は記録しています。芙雄自身は、弟で子育ての経験がありますから。クララは八歳下、浜は八歳上、その間に芙雄がいて、ちょうどバランスが良かった。それぞれがお互いに尊敬できる相手だったと思います。

昭和十六（一九四一）年十二月一日、九十七歳まで元気で過ごした芙雄は、ひ孫の私を含めて家族に看取られて旅立ちました。大東亜戦争突入による水戸の戦火を避けて千葉県北小金に疎開した父は、毎夜、東京の林野庁の勤めから帰宅すると、すぐに、庭先に深さ一・五メートル、長さ十四メートルを掘り進めて桐のタンスに納められている文書類を守りました。空襲警報が鳴りだすと母と弟で入口は一杯になり、後から入ろうとした私は、低空で飛ぶB－二十九に機銃掃射されると大泣きしたものです。

　戦後上京して父は、〇（ゼロ）メートルと言われる深川木場で材木業を始めました。台風の度に浸水から守ることに必死でした。ある日隣接する製材工場から出火、また炭屋さん側からも出火と二度の火災の危険にも出会いましたが、ちょうど深夜父が在宅中のことで、消防士さんたちが、「危険です、退去して」と叫ぶのも聞こえないのか、手で火の粉を払いながら、大声で「般若心経」を唱え続けていた父の姿は今でも忘れられません。火元に近い物置の壁側にあったタンスの背中は焼け落ち、中いっぱいにあった文書群の一部は焦げ、水がしみ込んでにじんでしまった状態に気づき、家族一同、これはきっと、天功、香窓、芙雄の熱い思いが守ったのであろうと納得しました。

　私にとっての芙雄は、一体ですね。私の育った家には、床の間に勲章を付けた芙雄の肖像画が飾ってありました。毎晩その芙雄の絵に一日の出来事を報告し、会話しながら眠るのが習慣でした。芙雄が私と共にあると感じています。私の人生の節目や大事なところで不思議と芙雄との関わりが出てきます。見えない繋がりがあり、それで芙雄に背中を押されたり、抱かれ守られたりということが今だにあります。

　最後になりますが、ヘレンケラーが水戸に来ています。昭和十二（一九三九）年四月です。芙雄は、水戸駅頭でヘレンケラーを出迎えています。当時の教育界の代表として最もふさわしい人物であったからと思います。芙雄は、障害者の教育や福祉にも理解があったことも大切なことであります。

　以上でお話を終わらせていただきます。つたないお話をしました。大変に失礼しました。

本稿は、豊田芙雄のひ孫であられる高橋清賀子先生の茨城女子短期大学開学五十周年記念講演時の要旨を活字化したものです。文責は、小野孝尚にあります。

この度、高橋清賀子先生が六月四日にご逝去されたとの訃報をお受けしました。葬儀は近親者のみで六月九日に済まされたとのことです。六月八日には、筆者が、本学父母の会総会後に「幼児・女子教育のパイオニア　豊田芙雄の足跡をたどる」と題して講話会を催したところでした。

高橋清賀子先生には、いつも励ましのお言葉をいただいておりました。ここに高橋清賀子先生の面影とお言葉を偲び、平成二十七（二〇一五）年六月八日付のお手紙の一部を紹介させていただきます。

◇

緑が美しく晴ればれと過ごせる今日この頃です。五月二十四日の根本正講演会から帰宅後すぐにお手紙をと、心にかかりながら大変遅くなりましたこと、お詫び申し上げます。小野先生ご夫妻には、益々ご健勝で、ご活躍のこと、お慶び申し上げます。

小野先生に見出していただきました芙雄も、どんなにか喜んで居りますことでしょう。あの「人格高き女子を造れ」の一文は、茨城県立歴史館の調査をしていただいていなかったら世に出るようなことはなかった――――。小野先生が見つけてくださなければ……。

不思議な有難い導きを感じて居ります。五十周年記念式典のご盛会をお祈り申し上げますと共に、ご依頼の講演の件、二年後、喜寿を迎える老体に、しっかり鍛錬を重ね、皆様にご迷惑をおかけしないように、日々努力をして過ごして参ります。

根本正顕彰会の皆さんからも多々お励ましをいただき、小野先生のご活躍共々、あふれ出るようなエネルギーに驚きと感動を禁じ得ません。どうか、ご健康にご留意され、元気に、芙雄のエネルギーを背負って、頑張ってくださいませ。ご成功をお祈り申し上げます。

高橋清賀子先生は、本学の開学五十周年記念講演では、「これを最後の講演にしますよ」と微笑んでおられました。ご主人の操様が制作されたパワーポイントの映像を通しながら豊田芙雄像の全体の流れについてお話をされました。ご主人の操様には、当日の映写等にもご協力をいただきましたことを厚くお礼申し上げます。

後日、高橋清賀子先生からは、ご丁寧なお手紙と共に、義妹の修子様が撮影された祝賀会等の写真をそれぞれに宛名を記し、仕分けされてお送りいただきました。これが最後のお便りとなってしまいました。

幼児教育・女子教育の先達　豊田芙雄とその時代　目次

幼児教育・女子教育の先達
豊田芙雄とその時代

I

幼児教育の開拓者

「保育の栞」

「保育の栞」

緒言

我が国幼児教育のパイオニアである豊田芙雄の著作の一つに『保育の栞』があり、近年特に日本初の実践的幼児保育論として注目されている。幸いなことに茨城県立歴史館高橋清賀子家寄託文書の中に作者豊田芙雄直筆稿本の原本が現存しているので、この資料を翻刻し、頭注並びに補注を置き注解を施した。

翻刻にあたっては、高橋清賀子先生並びに茨城県立歴史館のご承諾をいただきましたことをまず始めに明記させていただき深く感謝の意を表します。

現在までに『保育の栞』は、倉橋惣三・新庄よし子による『日本幼稚園史』（昭和五年五月二十五日出版）に収録されたものが、初出であるように書かれているが、実は、これ以前に倉橋惣三は、雑誌『幼児の教育』（昭和四年八月十三日・同九月十五日発行）に二回に分けて、ほぼ忠実に豊田芙雄の『保育の栞』を掲載し、紹介している。しかしその後、倉橋惣三は『日本幼稚園史』（昭和五年五月二十五日）に本文を掲載するに際し、表記や文言等に多少手を加え活字化したり、本文を入れ替えたりしているため、豊田芙雄の直筆稿本と活字本との本文校訂上違いが見出される部分が生じている。いずれも倉橋惣三の手により行われているものと思われる。これは豊田芙雄からの指示によるものかどうかについては全く不明ではあるが、倉橋は、無断では行わないであろうと推察され、豊田芙雄との了解の元での作業があったと理解するものである。

本稿では、豊田芙雄直筆稿本を底本として翻刻した。昭和四年八月十五日発行による『幼児の教育』の中で倉橋惣三は、「去年夏、私が同女史を水戸の寓にお訪ねした時の記事も、嘗て本誌に掲げて置いた。この『保育の栞』は、同女史が保姆たりし当時の手記にかゝるものであって、我が国最初の保育論の一つである。特に女史の許しを乞うて、こゝに本誌に紹介することを得るは、独り本誌の幸せであるばかりでなく、我国幼稚園教育史に興味を有せらるゝ諸君の為に、極めて有益なる資料であると信ずる」と書いている。

そして倉橋惣三は『日本幼稚園史』の中で、「保育の栞は、豊田芙雄女史が、当時女子師範学校附属幼稚園在任中の折に書かれたもので、わが国最初の保育論の一つとして唯一の貴重な記録である」として次のように五章立てをしている。

　　幼稚園
　　保姆の資格
　　保育の注意
　　開誘の方法
　　保姆の心得　（『幼児の教育』初出では、章立てはしていない）

しかし、豊田芙雄直筆稿本では、

　　幼稚園
　　保姆の資格
　　保育の注意
　　開誘の方法

と四章立てであり、本文上においても入れ変えた部分もあるので注意を要する。即ち後ろの方の「其遊戯とする所をいはば、」から最後の「見計らふ事緊要なりとす」までを『開誘の方法』の前の方の「この間を以て午餐の用意を整ひおくべし」と「午餐の時に食堂の設けあらば幼児はこれ」の間に挿入している。

各章の概要についてみると、「幼稚園」では、まず始めに、「幼稚園とは何ぞや」と読者に問いかける対話形式で導入し、答えとして「一つの楽しき園なり」と断言している。ここに集まる子どもたちは、草木が新芽を出そうとしているような三歳から六歳までの子どもたちで、柔らかい葉っぱのようなものであるから、智恵のおこり発生に注意しなければならない。この萌芽の時に障害を為した場合には、その子のそれからの発達を阻害するものであり、これは、生涯にわたるものであるので、健やかな身体と爽やかな精神を養いながら、その子の生まれつきの性質を傷つけないようにしなければならない。そして、心性を耕すことにおいて気をつけなければならないことは、二つの枝葉があることで、一つは、徳育であり、もう一つは、智育である。この二つの中で一つでも失ってしまうと、生まれつきの優れた才能を失ってしまうことになるので、保姆や母親は、ここに注意をしなければならない。子どもの成長する様子を植物の生長に例えた表現としている。

続いて、恩物について発明者のフレーベル夫妻を紹介し、夫妻は、多年苦労を重ね、人間の心身の発育も草木発生の理に等しいことを悟り、幼児に適した玩具を制作し、遊戯を組み合わせ幼児自ら使用し導きだし、幼児の成長を助けるための基礎とした。しかし、恩物の使用を上手く使用していない人もいて、恩物が却って子どもの発達を妨げるものであると認識する人もいることもやむを得ないことである、と書いている。ここでは、恩物についての批判もあることが書かれていることに注視したい。

フレーベルの説により、恩物を三つの種類に区別し、一つは営生（智識）の開発、二つは修学（技能）

の開発、三つは美麗（美術心）を開発することにあるとして、以下恩物の順序を挙げてそれぞれについて説明している。

徳育については、遊びを通して行うもので、感覚と感性を大切にし、子どもたちの関わり合いの中から自然に育てていくべきであるとした。また保姆自らの行動の中においても、手本となるようにしなければならないとしている。

絵画や、遊戯や、積木や、粘土遊びの中では、豊田芙雄は、大変な苦労をしながら手探りの中で実践し、無いものは自分たちの手で創り出し、補い、創意工夫しながら指導している。その創意工夫の精神は、現代の教育にも通じるものがあろう。

「豊田芙雄は、幼稚園についての記述に、明治二十三年九月八日発行の『女学雑誌』第二百二十九号に「幼稚園」と題して、「子女の始めて父母の膝下を離れ社会に出る第一の初等級ともいふべきものは彼の幼稚園なり」と書き、次に「幼稚園なるものは、取も直さず児童の発育する一つの庭園なれば、これが管理者即ち保姆なる者は園芸師なる故に保姆の目的とする所のものは、技術に非ず、才学に非ず。只管自己の温和と徳儀とを充実せし精神を以て児童の発育を開誘し、児童その癖疾（へきしつ）あらば暗々（あんあん）の内にこれを撓（た）め質直（すなお）ならしめて身体の健康と天稟（てんぴん）の良心とを培養して家庭教育の一端を助くべきなり」とあり、『保育の栞』冒頭の「幼稚園」の内容と一致するものがあろう。その後の恩物についても『女学雑誌』に掲載された「幼稚園」には、「当時本邦に行はるゝもの独乙人フレーベル氏の主旨にして欧米各国といへども亦これと同じきのみ故に唯その簡易なるものを選択するを以て良法とす。その取捨の如きは保姆其人ありて之に任ずるのみ唯其の智育的に陥（おちい）るが如きの弊（へい）をば匡正（きょうせい）せざるべからざるなり。此は如何となれば幼児の能力未だ軟弱なれば強て之を教るときは成人の後弊害ありともその効力はなかるべし。唯身体の強健と良心とを涵養して天賦の活動発育を助け児童の精神をして毎に爽快の間に措かしむるを旨とすべきなり」とし、「世人或はこれが方法を誤り幼稚園をして小学校の予備の如きものとなし。彼の至愛可憐の幼児をして知らず〳〵精神を労すべき細密なる事を為さしめ彼は賢し彼は秀でたり抔賞讃して止ざるは誠に非が事なり。フレーベル氏の主意といへども素より教るの意に非ず体育を基として児童に快楽を与えるの意なれば人世必須の業を快楽遊戯のうちに形づくりて徐にその意を寓せし事誠に懇切周到至れりといふべし。然るに世人或はこれを誤解して動もすれば教るの点に傾くものあり。（即ち智育的に陥るもの）戒めざるべからず」としている。これは、豊田芙雄の一貫した教育理念であり、最も早くから説かれているものである。

ここから更に次のステップとして、『保育の栞』の本文中の言葉に「此の目的全くしてのち始めて人生将来の福祉安寧を得んとする基礎立つ可し。而して心性を耕すことに於ては必ずや彼の二つの『枝葉』の区別ある事を忘る可らず。一つは則ち徳育なり。一つは智育是なり。此の二つの区別の中一つだに失ふことあらば或は其の生涯天稟の幸福をも失ふに至らん。豈怖るべきことならずや。苟も是が任にあたるもの実に茲に顧み慮りて其の啓蒙の道を謬ることある可らず」として、徳育即ち非認知能力のことで、感覚と感性を大切にし、情操豊かで人間性のある思いやりの心を養うことにある。これは徳育と智育の二つを大事にする二葉（双葉）の教えとなるものである。

「保姆の資格」では、保育者の資格について、部分的に引用すると、「毎日吾が心性を温和にして爽快活発ならしめ、懇篤にて慈愛深く物事に注意周到にして能く忍耐し、恰も『春霞の朗霞たる如く精神常に爽快にして』且つ音楽唱歌に熟練し、遊戯と恩物の使用法とに熟練。常に清潔を愛し、物事の秩序を正しくし、事物を能く整頓する規律を実行し、又、美術への想いが必要である。各種の物体花鳥などに模し、彩色配合を調へしむるため美術の思想を要するなり。そして又、説話を明らかに為すことを望むなり。理解し易き古今の嘉言善行或は昔噺に類似せる伊噌物語等の如き小児の莞喜して聞く所のものを望むなり。空談を為すよりも、図画、博物或は標本に就きて説話するを良しとす」としている。保母の資格というよりは、保母としてのあり方や指導方法が主となっている。清潔で、美術の心を持ち、読み聞かせが出来ることを挙げている。爽快な気分を春霞のたなびく様子に比喩表現し、どんなに辛く、苦しい心情であっても、子どもたちの前では、しっかりした心を持って、笑顔で明るく生きいきと振る舞うことであり、いつしかそこから自分の本物の明るさが見えてくるという自身の体験から暗示したものであろう。内心は辛いことがあっても前向きに一点の曇りもない気持ちで、子どもたちの前に立つ心掛けが必要であることを述べたものである。

「保育の注意」では、子どもの病気や怪我のことをまず挙げ、観察と看護を怠らないように注意することを述べている。そして保育者は、応急手当の方法をわきまえ慌てず冷静に対応しなければならないとしている。次に子どもの年齢と発達の違いで二組か三組にクラス分けをすることを挙げている。五歳から六歳を甲組、四歳から五歳を乙組、三歳から四歳を丙組とすると大体は良いとしている。そして教室の備品や教室の定員や保育の時間について書き、朝の十時から始め午後の二時には終了とする。最後に昼食について述べ、食堂は、別に設けるのが最良としている。

「開誘の方法」では、子どもたちを整列させ保育室に導き、奏楽に合わせて歌をうたう。それから恩物の第一から第六の中で一種類を選び、順を追って構造の物体をつくったり、好きな様々な物体をつくったら、時間を見て箱にしまわせ、それから遊戯室に行き遊ぶ。昼食時には、規律整頓する。食後の随意の時間であっても保育者は、監督を怠ることはしないように。「子供の本性（さが）は却りて随意の時に現わる丶」と書いているように子どもの本性は予想に反することもあり、自由な時間等にも注意しながら見守らなくてはならない。保育者については、「保姆は種々新案を以て遊戯に充つる歌詞及所作をも工夫し古きに換へしむる意匠あるべし」と、遊びや遊びにする歌詞や所作等を工夫をしながら新しいものに変えていく心構えを持っていなければならないとしている。これは、従来のものに固執せずに、より良い物を目指すという非常に柔軟で進歩的な考え方を持つものである。

最後に二十五条に分けて保育者の心得について書いている。こゝは箇条書によって書かれており、豊田芙雄の幼児教育に関する最初期の知識と経験が余すことなくみなぎっている条文である。二、三の条文を除けば、ほぼ現在に通じる保育の基本である。

『保育の栞』は、幼稚園での保育方法、保姆の資質、保育の留意事項、保育の方法、そして二十五条に分けた保育者の心得について書かれており、豊田芙雄の子ども観・保育観・保育者観が良く表れている。毛筆による和漢混交文ともいえる文章表現の筆使いの流れの中から、生きいきとしたものが浮かび上がり、豊田芙雄の熱意と息遣いを深く感じることができるものである。

このように見てくると、『保育の栞』の執筆時期については、「『豊田芙雄と草創期の幼稚園教育』(平成二十二年三月一日、建帛社)の「『保育の栞』の謎と意義考」にあるように、「当時少しばかり書き置きしたるもの」が数点の文書であり、それらを昭和三年の時点で整理し、浄書したものであるとすれば、『保育の栞』は、明治十年前後から明治二十年代半ば位までの幅広い文章を含むことになり、執筆時期を一点には絞り込むことは出来ないものと思われる」とあるように、保育者としての最初期の時代のものと考えられる。

現存する手記の明治十三年七月と記された「育子トハ何ソ」や「小児教育論」「幼稚園保姆ノ目的ハ気

長」「植物ノ性云々四葉」等の同内容は、『保育の栞』に収録されており、『代紳録全』『代紳録二』『恩物大意』等にも記載されているものである。

豊田芙雄は、資料等の保存を大切にしていたので、『保育の栞』は、元々豊田芙雄自身の幼稚園に関わった時代の経験による手記としてあったものを昭和三年八月に倉橋惣三が水戸の芙雄を訪ねた際、話題として手記に触れ、そこから発展し、推敲しながら浄書し、倉橋惣三に送り、倉橋惣三の手により、昭和四年八月号の『幼児の教育』に第一回目が掲載され、次いで「承前」として九月号に掲載されることになったものであろう。そしてその後の昭和五年五月に発刊された『日本幼稚園史』(倉橋惣三・新庄よし子)に収録された。

本文の翻刻にあたっては、旧漢字、異体字、誤字、脱字等はそれぞれ新漢字や正字や正しい文字とし、仮名遣いは、原文のままの歴史的仮名遣いで施した。ルビは、適宜現代仮名遣いで施している。本稿では、出来るだけ筆者の意図した表現に近づけるように努めた。本文には、頭注・補注を加え注解をしている。

「保育の栞」翻刻と頭柱・補注

豊田芙雄子述

幼稚園

幼稚園[補1]とは何ぞ、多くの幼き児女を集めて其の身の健康と幸福とを保ち而して良き慣習[注1]を与へて児女等をして最も娯みを得せしめんため懇切[注2]に導く所の『一つの楽しき園』なり。

この園に集りたる児女は何れも三年より六年までのものにて、たとへば草木の将に萌芽[注3]を発せんとする期にして実に軟弱嫩葉[注4]の如きものなれは最もその発智[注5]に注意せざるべからず。

其萌芽の発するにあたり、若し、この障害を為す時は其発達を妨ぐるや必せり。啻[注6]に妨ぐる而已に止らず。其害引きて生涯に及ぶも亦はかるべからず。されば、専ら其身体[補2]の運動と幼児心の愉快とに因て健康を保導し確実なる精神を養ひ 苟も其の性の傾きたるを橈はめ[注7]、其の欠乏を補ひ彼の蕪草蔓延の弊[注8]を芟り、鋤き[注9]て其の稟性[注10]を傷はざらしむるを勤むべきものなり。

此の目的全くしてのち始めて人生将来の福祉[注11]安寧[注12]を得んとする基礎立つ可し。而して心性を耕すことに於ては必ずや彼の二つの『枝葉』の区別ある事

幼稚園

補1　補注（補1～5）はすべて翻刻本文末の三十八頁に付している。

注1　慣習＝ならわし。世間のしきたり。

2　懇切＝細かいところまで心が行き届いて親切なこと。

3　萌芽＝草木の芽のもえ出ること。

4　軟弱嫩葉＝質がやわらかく芽生えたばかりの葉。

5　発智＝智恵のおこり。知の発生。「知」は書きかえ文字。

6　啻に＝下に「而已」を伴ってある物事だけに限定するさま。

7　撓はめ＝曲げて整形する。

8　蕪草蔓延の弊を芟り＝雑草がぼうぼうと生い茂はびこり害になるので、除き刈り取ること。

9　鋤き＝農具で、土の中の雑草の根を切る意味。

10　稟性＝生まれつきの性質。

11　福祉＝「しあわせ」や「ゆたかさ」を意味する言葉であり、すべての人々に最低限の幸福と社会的援助を提供するという理念を指す。

12　安寧＝無事で安らかなこと。

を忘る可らず。一つは則ち徳育[注1]なり。一つは智育[注2]是なり。此の二つの区別の中一つだに失ふことあらば或は其の生涯天稟[注3]の幸福をも失ふに至らん。豈[注4]怖るべきことならずや。

苟[注5]も是が任にあたるもの実に茲に顧み慮り[注6]て其の啓蒙[注7]の道を謬ることある可らず。然れ共これ所謂諺に Vouloir c'est pomoir（望[補3]むことは達すといふ意）と言へるが如し。故に保姆及び母たる人ひたすら茲に注意してその目的を謬るべからず達せしめんことを希はさるべからず。

偖て幼き児女を開誘[注8]するには恩物と名つくるところの各種の玩具あり。抑も此の玩具は西暦千八百三十、四十年時代に当り独逸国にヒ[補4]イレデリックフレーベル氏なる教育家現れ出でて種々学問の蘊奥[注9]を究はめ遂に幼児の教育法を発明したり。此の人夫婦にて多年辛苦実験を積み、矢張り人生身心の発育も彼の草木発生の理に等しき原則を悟り遂に児女を開誘するに人生必須の要を含蓄したる二十有種類の実に小児に適当したる玩具を製し、併せて賢き遊戯を組み立て、幼児をして自ら之を使用せしめて身自ら之を導きて小児天稟の良智良能を開誘し、其健康を助けしむるの基礎とせり。此の二十玩具を名つけて[補5]恩物とは言へり。恩物とは天賜[注10]と言意を含有す。

フレーベル氏の説に因れは、恩物を三つの種類に区別す。則、営生、修学、美麗、其大要を云へば一つは智識を開発し、二つは技能を開発せんとし、三つは美術心を開発せんとするものを云ふなり。

注1 徳育＝人間としての心情や道徳的な意識を養うための教育。

2 智育＝豊田芙雄は、明治二十三年九月八日発行の『女学雑誌』第二百二十九号の「幼稚園」の中で「世人或いはこれを誤解して、ややもすれば教るの点に傾くものあり。（即ち智育的に陥るもの）戒めざるべからず」と記している。

3 天稟＝生まれつき備わっているすぐれた才能。

4 豈＝あとに推量を表す語を伴って、反語表現を作る。

5 苟も＝仮にも。かりそめにも。

6 慮り＝「おもいはかり」の転じたもの。よくよく考えること。思慮。

7 啓蒙＝人々に正しい知識を与え、合理的な考え方をするよう教え導くこと。

8 開誘＝啓発して導くこと。教え導くことの意味であるが、当時は、保育のことを開誘と言っていた。「開誘室」「開誘歌」等と称していた。

9 蘊奥＝奥義。極意。

10 天賜＝天から与えられること。

徳育は専ら幼き児女実際の行為に就きて之を補ひ助けてその徳性を養成し、又保姆自らの行為言語の中に於て之を知らしめ、常にその標準となるを要するなり。フレベール氏の定めたる二十恩物の順序は

第　一　六　球　第　二　三形体　第　三　積　木　第　四　積　木
第　五　積　木　第　六　積　木　第　七　板並べ　第　八　置　箸
第　九　置　環　第　十　石盤画　第十一　紙刺シ　第十二　紙縫ヒ
第十三　紙剪ミ　第十四　紙織リ　第十五　木片組方　第十六　連　板
第十七　紙片組方　第十八　紙畳ミ　第十九　豆細工　第二十　粘土細工

以上謂ゆるフレーベル氏二十恩物是なり。こはもと氏の高遠[注1]卓識[注2]なる智能を以て人世必須なる諸能諸技の原則真の理を含蓄する所のものを玩具に製して児童に満足愉快を与へしめて、自ら其の稟性[注3]を発達せしめんとするの方法に過ぎざれとも其の結構順序の如き注意実に到れり尽せりと云ふべし。然しながら茲に一言せざる可からざるものは氏が原則則ち二十恩物を完全ならしむるは素より美にして且(かつ)善良なれども、此れが任に当る者此等を活物[注4]視せざる等より往々にして難事も亦尠(すくな)しとせず。又それに係らず幼稚園を論ずるもの此の原則を批難し　却(おびやかし)て児女の発育を妨ぐるものの如く認識する者あるも又止むを得ざる事なり。

欧米の教育家、幼稚園保育玩具に種々新規のものを作るものあれども其の意匠結構孰(いず)れもフレベル氏の原則に基きたるものに過ぎず。彼の高尚なるものに

注
1　高遠(こうえん)＝志が高くすぐれていること。高尚で奥深い。
2　卓識(たくしき)＝すぐれた判断力や考え。すぐれた見識。
3　稟性(ひんせい)＝生まれつきの性格。天性。
4　活物(かつぶつ)＝生きて活動しているもの。

至りては却て簡単平易なるにしかず。故に其撰び方の如きは保姆其の人を得て其簡易にして児心に愉快満足を与ふるものを応用する方法を俟（ま）つのみ。なほ上流社会富家の児女、農民職工の子女、各々各々区別あるを免かれず。是を以て今所謂小児遊戯にて何方に向ひても無害にして小児これを為して深く楽しむ所に注意すべし。而して保姆其の人、其の恩物を活物視せざることなかれと云ふにあるのみ。余茲に一般に普及し易き簡易幼稚園のために聊か[注1]注意を説くべし。先づ恩物の種類は第一糸製の小まり。これは備へざるもよけれども、極めて幼き子女のため設くるもよかるべし。

次に積木は第一、二、三、四、五、六号のもの。

次に並べ板は四角、長方形、及三角、

次に石盤画、紙縫ひ、紙織り、紙畳み、紙組み、（但し紙組は強ひて設くるの要を見ずと雖（いえども）紙片の不用品を出せし際之を恩物に用ひて組み或は結び娯みなさしむるも経済の一助といふべし）

次に豆細工、粘土細工、

右はフレーベル氏恩物中取捨[注2]を為したるものなり。其他碁石、キシヤゴ貝[注3]等を備へ置きて数へ又は並べ等を為して児心を娯しましむるに供す。

麦蕎（むぎわら）の五色に彩色したるものを五、六分[注4]ばかりに切り裁ち屑（くず）の紙片を四分計りなる四角となし糸針を以て之を貫きて一連の環と為す。これ児女の最も製し易く且美麗なれはいと愛好するものなり。三年四年の児女に甚（はなはだ）適せり。

注1　聊か（いささ）＝とりあえず。かりそめに。

2　取捨（しゅしゃ）＝必要なものを選んで不要なものを捨てること。

3　キシヤゴ貝＝（キシャゴ）海産の巻貝。貝殻は直径二センチメートル。内外のそろばん玉状で美しい淡褐色や灰青色の波状紋があり、おはじきや装飾に用いる。肉は食用。内湾の干潟に多産する。

4　五、六分（ぶ）ばかり＝「分」は尺貫法の「一寸（すん）」の十分の一。一寸＝十分。一寸は、約三・〇三センチ（三十・三ミリ）ですので、「一分＝三・〇三ミリ」となり、×五または六。一尺は三十・三センチ其他園中に浜砂子を多く蓄へ運動遊歩の際茲に出して随意の娯楽に供せしむ。又雨天にて庭園に遊び得ざる時の為め遊戯室は単に屋根のみを葺きて中間は砂地になし置くも可し。

庭園には花壇の設けあるべし。小児のため小さき花畑を設け、この区域は庭園の広狭[注1]によりては或は三尺四方位とし、各幼児の分担を定め、好む所の草花、鶏頭花、鳳仙花、瞿麥[注2]、夏菊、等の種子をまきてその培養[注3]をなさしめ、なほこの土を鋤くため木製なる鍬を備へ置くべし。

注1　広狭＝広いことと狭いこと。
2　瞿麦＝セキチクの漢名。ナデシコの異名。
3　培養＝養い育てる。

保姆の資格

保姆[注1]たるものは毎日吾が心性を温和にして爽快活発ならしめ、懇篤[注2]にて慈愛[注3]深く物毎に注意周到にして能く忍耐し恰も[注4]『春霞の朗靄[注5]たる如く精神常に爽快にして』且つ音楽唱歌に熟練し又室の内外に於ける遊戯と恩物の使用法とに熟練せざる可らず。

保姆は常に清潔を愛し物事に於ける秩序を正しくし清潔を愛し、事物を能く整頓するの規律を実行しつゝ、有るべし。又美術の想なくばあるべからず。是れ常に多くの児女と室内に遊戯するとき彼の恩物を使用して各種の物体花鳥などに模し、彩色配合を調へしむるため美術の思想を要するなり。又頗る[注6]説話を明

保姆の資格

注1　保姆＝姆は、うば。付き添う婦人。女性教師。新表記では「母」に書きかえる。女性の保育者。
2　懇篤＝心が込もっていること。
3　慈愛＝深い愛情。
4　恰も＝よく似ている物事にたとえて形容する語。ちょうど。まるで。
5　朗靄＝朗は、ほがらか。あきらか。明るい。靄は、たなびくさま。また、なごやかなさま。
6　頗る＝非常に。たいそう。

に為すことを望むなり。然れ共小児に対して敢て六ケ敷また高尚なる道徳に解し難き歴史或は詩句等を望むに非ず。唯卑近[注1]にして理解し易き古今の嘉言善行[注2]或は昔噺に類似せる伊噌物語[注3]等の如き小児の莞喜[注4]して聞く所のものを望むなり。

此の一節は成るべく空談を為すよりも其事柄又昔噺等の図画を設け置き之を壁上に掲けて説話するを最も良しとなす。博物の説話をなすも矢張り実物或は標本に就きて説話するを良とす。

保育の注意

幼き児女は何れも天真爛漫[注1]にして能く活発なるは小児の特性なり。然れとも若し爽快活発ならずして鬱[注2]したるときはこれ疾病有るものと認定して其の容貌[注3]を始め各部に就きて篤と検察して苟[注4]も異状をあらはさんとする兆候ある時は速に医師に就き診察を乞ふべし。若し児童の家、園の近傍ならば早く親族を呼びそれ〳〵の看護を為し、忽[注5]がせに為して重症に陥らしむる事あるべからず。

小児は脳膜炎或は痙攣其の他種々の急症又は腹痛歯痛の如きは不時に発すること往々ありがちなれば保姆茲に注意の届かずして他の児女と共に強て遊戯を為さしめんとして、其の発病に心つかずこれを危険に至らしむる等往々なしと

注1 卑近＝俗っぽいこと。身近で、ありふれていること。
2 嘉言善行＝四字熟語で、よい言葉と、立派な行いのこと。
3 伊噌物語＝（伊會保物語・イソップ物語）アイソーポス（イソップ）が作ったとされる寓話を集めた寓話集。
4 莞喜＝莞は、にこやかに笑うさま。喜は、よろこぶこと。

保育の注意

注1 天真爛漫＝純真で心の中が素直に表れていること。
2 鬱したる＝ふさぐ。気がはればれとしない。
3 容貌＝人の顔立ち。
4 苟も＝仮にも。万一。
5 忽がせ＝いいかげん。

のみいふべからず。故にいかほど不完全なる園と雖(いえども)常に医員を頼み置き急の場合の備と為すを最良とす。又常に繃帯(ほうたい)、気付薬、負傷の時に塗るべき脂薬(あぶらぐすり)様のものをは予(かね)て用意し置くを良しとす。而して保母は斯る場合の救治方一通りの弁(わき)まへなかる可らず。

小児遊戯或は運動の際、蹶(つま)づき転ろびて内瘤(ないりゅう)等出来ること有がちなれど斯る場合に保姆は狼狽[注1]せずして静(しずか)に其の局部を改め医師を招く程ならざるものならば、直ちに清水を以て之を洗ひ冷して発熱を防く事に着手すべし。保姆狼狽して猥(みだ)りに種々言ひ繕(つくろ)ひて小児をすかしなどする時は左程の感痛ならぬに大声を発して叫涕[注2]するに至る。斯る折よりして往々小児に臆病心を養成するに至るものなれはよく心すべきことなり。

小児の年齢と発育との差異によりて二組或は三組と為すの必要あり。甲は五年より六年までを甲組とし、四年より五年迄を乙組とし三年より四年までを丙組となして大概その当を得るものとす。既に各組を分けて各其開誘室を設くるの必要あり。随(したがっ)て机腰掛等より種々の物品等を備へざるべからず。机と腰掛は二人用のものを以て宜しとす。而して机面に棋盤[注3]の目を画したるを以て最上とす。これは小児各々玩具を此の線囲内に並列して自然に其位置の正しきを得せしめんが為なる用意なり。然れ共僻村[注4]等の経費充分ならざる園に在りては往々不完全を免れ難し。

幼児は一室三十人より四、五十人までを定員となせども園の都合により各室

注1 狼狽(ろうばい)＝慌てふためくこと。
2 叫涕(きょうてい)＝さけびなくこと。
3 棋盤(きばん)＝将棋や象棋を打つ板のこと。将棋盤や象棋盤。
4 僻村(へきそん)＝都会から遠く離れた村。へんぴな村。

を区別するまでの遑[注1]あらさる時は広き室の後辺通りに五六年位の者を並らべそれより順序を追ひ前側へは最幼齢なるを座列せしむる仕方あり。蓋し[注2]此仕方は至て少数なる子供ならでは却て行ひ難し此の仕方に就ては聊か[注3]終りに於て述ることあるべし。

開誘の時間は各々三十分より多からざること大方の規則なれ共五年の幼児には業によりては四十分或は四十五分を課するも妨げなし。併れども意匠[注4]巧智[注5]も要せざる遊時に強ひて引延ふるは悪し。幼稚の数に随ひて各玩具料紙等悉く[注6]備へ又時間外の遊戯に充つる品をも多少備ふる必要あり。例へは男児のためには擲球[注7]、木鍬、其他危険ならざる玩具類及灌水器[注8]、女子の為めには糸製鞠、羽子、羽子板、厨房の道具等是なり。

二十恩物の第一より第六号までは専ら物体を指示するものなり。第七の板並べは小児既に物体を熟知したる其一面片を以て所謂想像力を養ふの方法なりとす。環並べ、箸並べの如きは尚ほ進んで僅に其片縁を以て基全体を想像せしめ其力を益々堅固[注9]ならしめんとするものなり。其外紙片或は糸を用ひて縫ひ組み或は刺し物を製するの感覚を開誘するの順序とす。開誘は大方朝十時を以て初め午後二時を以て終る。其間室内に於て開誘さるること十時より十一時或は十二時までとし次に午餐[注10]の時より時を経て二時までを合せて二時間乃至を以て開誘時間とす。其配当の如きはのちを見合すべし。

午餐は園の都合によりては総体の幼児へ一葉に飯を供するもよし貧民幼稚園

注
1 遑＝空白。すき間。
2 蓋し＝思うに。考えてみると。
3 聊か＝すこし。
4 意匠＝工夫をめぐらすこと。趣向。
5 巧智＝優れた智恵。
6 悉く＝きわめつくす。すべて。
7 擲球＝投げたり、打ったりするボール。
8 灌水器＝水を注ぐじょうろ。
9 堅固＝しっかりしていること。
10 午餐＝昼食のこと。

等にありては之を最もよろしとす。然し普通幼稚園にありては素より相当の食費を納めしむるものなり。

食堂は別に設けおくを最良とす。

開誘の方法

多くの幼き児女は何れも元気よく集りたるを中央の廊（わたどの）或は適当の場所に一列せしめ保姆之れを能く管し、若し悪戯或は他に対して意地悪しき行為なとなからしめ注意整頓せしめて遊戯室に誘ひて各々席につき奏楽[注1]一声と共に本日の礼をのべ続きて保姆再び奏楽これに和して唱歌を一同に歌はしむ。（歌ひ方は組を分ちて謳（うた）ふもよけれともこは現在の都合を以て処置するを良しとす）これ等は二十分間を適当とす。唱歌をはるや[注2]奏楽に歩を合せ一列或は二列を為して保姆或は助手之を先導して各開誘室に入る。此れより此の時間は簡単なる修身の談話又は博物の標本を示して簡易なる部分を説き聞かせ或は各種の図画を示し之に話を加へ極めて解し易く面白く話し児心に倦怠[注3]を来さざる様注意すべし。而して長きも三十分短きは二十分にて可なり。保姆は速に整頓し一同を廊に導き礼をなして各自随意に放課し程なく十一時鐘と共に以前の如く整列させ保姆先導して各室に入る各々礼を畢（おわ）りて第一号より第六号中の一種を与ふる

開誘の方法

注1　奏楽（そうがく）＝音楽。
2　はるや＝（声を）張り上げる。
3　倦怠（けんたい）＝物事に飽きて嫌になること。

（小児の中最確実なる者を指名して此の恩物配布を為さしめ時としては小児を賞誉[注1]するためこれを為さしむ）保姆幼児に向ひ今や余が為せし如くなすべしとて予め伏せ置きたる函に左手をかけ押さへ右手を以て蓋を引あけ一、二、三、の号令と共に函を揚け蓋をば函中に納め、机案[注2]の棚或は机上の妨げなき所に置かしめ先づ形体の問答を為し徐に[注3]順序を追ひて模造物体を作りその問答を試み成たけ小児の考案をひかしめ[注4]中に就き稍[注5]確実なる答を為したるを採り斯くして十分乃至十五分間は保姆の与ふる規則により此の外に十五分間は小児随意に種々模擬体を作らしめ、其の興に任せ時を測りてすはやく函中に取納めしめ予て[注6]自然に物の整頓を導きて遊戯室に至り遊戯をなす。又遊戯に換るに簡単なる体操を以てするもよし。然れとも奏楽之に伴ふを以て最良とす。保姆は時を見計らひ使用等の猶予を与へ助手は此の間を以て午餐の用意を整ひ置くべし。

　午餐の時に食堂の設けあらば幼児をこれに導き、若し設けあらざれば開誘室に誘ひて喫食[注7]せしむるもよし。此際は成るたけ規律を整頓して自ら家庭にある時と同様に長者に先き立つ時の礼に倣ふべし。午餐終りたる時も隣席の児へ一礼して立たしむるを可とす。食後の整理も成るたけ自身にこれを弁じ[注8]さすべし。而して午後始業の報までは随意に遊ばしめ此時に於て遊戯具の要あるなり保姆の喫飯は交代して弁じ始終監督を怠ることなかれ。子供の本性は却りて[注9]随意の時に現はる、なれば忽かせ[注10]になすべからず。

　午後の鐘鳴るや初めの如く各室に誘ひ此度は板並べ、石盤画、箸、環並べ、

注1　賞誉＝ほめたたえる。
2　机案＝つくえの意。
3　徐に＝ゆっくりと。
4　ひかしめ＝動詞「ひく」の四段活用未然形「ひか」。引っ張る。引き出す。手繰り寄せる。使役の助動詞「しむ」の未然形「しめ」。その動作をさせる。……させる。……せる。
5　稍＝すこし。
6　予て＝あらかじめ。前もって。
7　喫食＝食事をすること。
8　弁じ＝わきまえる。わける。処理する。
9　却りて＝予想に反して。
10　忽かせ＝いいかげん。

等を教へて想像模形の画を作らしむるを良とす。これも亦二三十分時間にて畢る。十分斗休憩の時を与へ次の報を待ちて前の如く集り此度は紙片或は紙糸及び麦藁其他各種の物品を配当して種々の模擬物を作らしめかねて指先きの運動を自在ならしめ且[注1]自ら工風[注2]して品物を製するは誠に幼児の心に愉快を与ふるなり。斯の如くして最終の鐘報あるや初めの如く廊下に導き今日の楽しみを謝して互に本日の別を告ぐるなり。保姆百事注意して幼児は悪戯悪癖ある時はよく之を訓誡し、又庭園に散歩の時衣服手足の泥土等に穢れたるを見出しなは夫々注意し洗ひ又は乾かし又各自家に帰りし時は父母長者への挨拶は如何と問ひ且教へ示すこと等親切丁寧を旨とすべし。

呼鳴此間保姆の注意豈[注3]夫れ僅々[注4]にして止まん哉。実に懇篤[注5]周到[注6]ならされば一日の錯雑[注7]を整頓する事難し。斯く説き来り終りに臨みて又一言の注意を要すべき事あり。他にあらず、これより保姆は明日の製作に供すべき物品類の準備用意是也。且つ木片の遺失[注8]ありや否やを取調べすべて明日の事を充たし而して後園を去る。

次に保姆の心得べき事どもを二十五条に分ちて示さん。

(1)小児は其年齢と発育とによりて開誘すべし。苟[注9]も成人と見誤ること勿れ。

(2)小児を導くに必これを急にするを要する勿れ。開誘の仕業は皆遊戯と心得たらんには大なる誤ちなかるべし。

(3)室の内外を問はず礼を施すべき場合には能く注意して礼を為さしむべし

注1 且＝さらに。
2 工風＝正しくは工夫。
3 豈＝決して。少しも。（下に打消しの語を伴って）
4 僅々＝わずかなさま。ほんの少しであるさま（ではない）。
5 懇篤＝心がこもっていること。
6 周到＝すべてに行き届いている。
7 錯雑＝まとまりがなく入り混じっていること。
8 遺失＝忘れたり落としたりした物。
9 苟も＝かりそめにも。

（例へは園長或は他人と雖其敬礼すべき場合等）

(4)遊戯の際器物等を破損するは小児の常情[注1]なれども物品に因りて事に害あるものは子供の業なりとして放擲[注2]せず、よく〳〵将来を懲戒[注3]すべし。其まゝ此れを打捨て置く時は却て傲慢[注4]の心を増さしめ将来に有害となり而して尚小児自身に製作する事能はさるものは猥り[注5]に破損すべからざる旨を諭すべし。其赦すべきは小児に励したるものにて、人にも事物にも迷惑ならざるものを限りと知るべし。

(5)庭園に散歩する時花卉[注6]を折り草木の芽を摘み取るは小児の好む所なれども猥りに之をなさば美しき花を見る事を得ざるのみならず、鳥これに囀り、蝶これに舞ふ所を失ひ、好ましき果実も亦結びがたき事を諭すべし。

(6)小児は玩具を破壊し、珍しき草木を見ては枝を折り、花を摘むの特性を有するは則ち身心智能の発育するに従ひ、かかる活動をなすに至るものなれば、あながちに抑制[注7]すべき事ならねど能く戒む[注8]べし。そは唯[注9]、事に害なきものを赦すにあるのみ。又出て土穿ち[注10]、石を積み、物体に擬する事を頗る[注11]好む所なれは有害にあらざる限りは打まかせ為すがまゝになし置くを良しとす。身体の健康に大によろし。

(7)幼児我意を言ふ時は余り烈しからず堅固[注12]に弱みなく温和に諭すべし。

(8)保姆はなるたけ児童に適当する言語を以て説話するは最も良き事なれども世に所謂片言をば言ひ語るべからず。常通簡易に正しくいふべし。

注1 常情＝普通の人間の持っている感情。
2 放擲＝投げ出すこと。捨ててかえりみないこと。
3 懲戒＝戒告。不正または不当な行為に対して制裁を加えるなどして、こらしめること。
4 傲慢＝おごりたかぶって人を見下すこと。
5 猥りに＝思慮のないさま。無分別。
6 花卉＝観賞用になるような美しい花をつける植物の総称。
7 抑制＝おさえつける。
8 戒む＝さとす。
9 唯＝ひたすら。
10 穿ち＝穴をあける。ほじる。
11 頗る＝たいへん。
12 堅固＝しっかりしていること。

(9) 唱歌は成るたけ歌詞の解し易く、抑揚[注1]簡易[注2]なるを歌はしむべし。大人の面白く歌ふとも、児童は大人の如くならされば拍子は四ツ拍子にて曲節の活発なるものを択ふべし。

(10) 保姆誘導の際規則時間中は児童の随意[注3]を許すべからず。若し屢々[注4]これを許す時は傲慢放縦[注5]の性を増さしむ。

(11) 恩物を与へて始終物品の整頓を為すの良風[注6]を習はしむべし。

(12) 会話は専ら簡単にして家庭のあり事。幼稚園往復、通行途上耳目に触れし事等をすべし。（仮令[注7]ば保姆の問をなす場合、汝等は今朝幼稚園に到らんとする時何か珍しき物をみとめざりしや、小児有り。保姆、さればその見たりし物に就て譚を語りきかすべし云々。或は、汝が家には犬を飼養し置くや又猫或は馬を飼ひおくや。小児答。孰れもなし。保姆、されば汝は他の家にて飼馬を見しならん。其馬の形体は二つの耳と鬣其他何々より形ちづくられるや。知れる所を答ふべし。小児、答知らずと。然らば誰か知る者あらん其人は手をあぐべし等の如し）此の種の会話は詳[注8]に児童の思想をひき起すもの故なるたけ多く有すべし。

(13) 修身及び博物の話は最も簡易にして理解し易き譬喩[注9]等を以て良心を養成すべし。

(14) 物に害あり人に妨けある悪き事は如何に瑣細[注10]の事なりとも許す可らず、保姆の権を以て能く制すべし。

注
1 抑揚＝音楽・文章などの調子を上げたり下げたり，また強めたり弱めたりすること。
2 簡易＝手軽なこと。簡単でたやすいさま。
3 随意＝思いのままであること。また、そのさま。
4 屢々＝よく、度々、しょっちゅう、などという意味の表現。
5 放縦＝何の規律もなく勝手にしたいことをすること。
6 良風＝良い風俗や習慣。
7 仮令ば＝「ば」と呼応して、順接仮定条件を表す。もし。かりに。
8 詳に＝詳しく。
9 譬喩＝物事を説明するとき、相手のよく知っている物事を借りてきて、それになぞらえて表現すること。その方法により、直喩・隠喩などがある。
10 瑣細＝わずかなさま。

(15)児童若し虚言[注1]を言ひたるより相当なる処分を要せんとする時は、其重きは保育室に放ちやり、或は群児と等しく恩物を与へす室の一隅に独立せしむ等是也。

(16)保姆は慈愛懇篤の精神を以て苟も偏愛[注2]等の念ある可らず。

(17)保姆は気長く温和なるべし。

(18)児童に粗暴[注3]なる言語あらしむべからず。

(19)爽快活発に誘導すべし。

(20)児童朋友の交際には予て友愛の情を以てなすべきこと知らしむべし。

(21)小虫小馬及小き植物なりとも残酷なる取扱を為すべからざる事を知らしむべし。

(22)児童は決して大人[注4]長者[注5]の言に背く可からざる事を知らしむべし。

(23)正直温和純白は幼稚の徳なり。保姆は毎々紳[注6]に記し置くべし。

(24)保姆は詳に細目[注7]に注意すべし。

(25)諺に曰今日の小児は明日の大人なり。又曰小児は大人の師なり。

因に曰。或幼稚園にて嘗て閉園の際児童歓喜して雁行[注8]を為して帰り去らんとする時一児童戯れ去る。或児は謹慎[注9]に去る。保姆之を目送するに当り余りに戯れて行くあり。保姆之を誡む。児童曰く、吾は全く甲児の所為に倣ふなりと。保姆曰。然らば汝甲児の品行に習ふとせば吾汝のために教る事を要せず。

注
1 虚言＝うそを言うこと。
2 偏愛＝ある物や人だけをかたよって愛すること。
3 粗暴＝乱暴なこと。
4 大人＝成人。（子どもという表現と対比）
5 長者＝年長者。年上の人。目上の人。
6 紳＝大帯。衣冠束帯の礼装に用いる大帯。結んで前に垂れる。『論語』の「衛靈公第十五」（衛の霊公）に「書諸紳」（これをしんにしょす）とある。紳は、大帯の垂れている部分。これに書するのは、忘れないようにするため。昔は紳の裏側に座右の銘を書いていたという。
7 細目＝細かい点について。
8 雁行＝空を飛ぶ雁の列。また、その形。斜めに並んで進むこと。
9 謹慎＝おこないをつつしむ。

如何となれば吾は日々汝等を教へ導くかため斯く汝等と共に歓喜し共に楽しむに非ずや。然るに彼の悪しき児童の行為を学ぶをなすは、吾は、汝に教るとも益なしと。訓誡[注1]するに児童は誠に愧[注2]ちたる面をなして去りたり。其夕、婢[注3]に導かれ保姆の許に来り謝して日吾後来[注4]斯の如き所為をは決して為すまじ。宜しく許さるべき旨を述べたり。因て保姆も亦大に悟る所の一端となりたりといふ。これ所謂小児は大人の師なりといふも空言[注5]にあらざるべし。

其遊戯とする所の例をいはば、

家鳩　民草　水魚
猫鼠　盲ひ　環木
蝶々　此門　兄弟姉妹

風車とす。其他にもなほあるべし。

保姆は種々新案を以て遊戯に充つる[注6]歌詞及所作をも工風(ママ)し古きに換へしむる意匠[注7]あるべし。

体操として充つるものは

多く幼児等とも〱に手を取りて大なる環を造らしめ保姆も共に其環中に入りて、

第一　体の屈伸を為す。一、二、三、四、五、六、七、八、畢り。

第二　右の足を前へ出さしめ其まゝ体を屈伸す。号令第一の如し。

注1 訓誡＝事の善悪・是非を教えさとし、いましめること。
2 愧ち＝恥ずかしいと思う。
3 婢＝奉公人。下女。
4 後来＝こののち。行く末。将来。
5 空言＝根拠のないうわさ。そらごと。
6 充つる＝あてはまる。
7 意匠＝工夫をめぐらすこと。趣向。

第三　左足を以て右足と等しく為す。

第三の所作畢りて後、其まゝ遊戯に換(か)へ一人の児を環の真中に直立せしめ幼児の中にて誰なりとも児童の指先を向け指さしむ。其指されし児直に応じて環中に在る児の側らに来り一礼す。互いに礼して居所を交換せしむ。斯くする事三四人斗(ばか)りにして進行或は他の遊戯に転するもよし。然れ共茲にいへる遊戯の如きは三年四年位の所作に適当とす。

五年六年の組の如きは大底[注1]所作ある遊戯を為し其活発と規律とを以て幼児の心性を爽快ならしむ。此の時間三十分を要す。又時としては十五分乃至二十分間を課して后(の)ち自由の遊戯を暫時[注2]為さしむるもよろし。いつれにても児童の遊戯に娯(たのし)むや否やの模様を見斗(みはか)らふ事緊要[注3]なりとす。

注1　大底(たいてい)＝全体の中の大部分のもの。ほとんどのもの。
2　暫時(ざんじ)＝少しの間。しばらく。
3　緊要(きんよう)＝非常に重要なこと。

補注

補1　幼稚園とは何ぞ＝豊田芙雄は、明治二十三年九月八日発行の『女学雑誌』第二百二十九号に「幼稚園」と題して、「幼稚園なるものは、取も直さず児童の発育する一つの庭園なれば、これが管理者即ち保姆なる者は園芸師なる故に保姆の目的とする所のものは、技術に非ず、才学に非ず。只管自己の温和と徳儀とを充実せし精神を以て、児童の発育を開誘し、児童その癖疾あらば暗々の内にこれを撓め質直ならしめて身体の健康と天稟の良心とを培養して家庭教育の一端を助くべきなり」とある。

補2　身体の運動と幼児心の愉快＝明治二十三年九月八日発行の『女学雑誌』第二百二十九号の「幼稚園」で、「身体の強健と良心とを涵養して天賦の活動発育を助け、児童の精神をして毎に爽快の間に措かしむるを旨とすべきなり」「身体随て健やかに精神随て爽かに」「将来の学問技芸を講修するの希望を呼び起こし良知良能の基礎これに因て発達するや明なり」とある。

補3　望むことは達す＝無力な者でも一念発起すれば、その願いは天に届き、望みを達することができるというたとえ。

補4　ヒイレデリックフレーベル＝（フリードリヒ・フレーベル）一七八二年四月二十一日に生まれで一八五二年六月二日に亡くなる。ドイツの教育学者で、幼児教育の祖といわれる。ヨハン・ハインリヒ・ペスタロッチに啓発され、彼の初等教育の指導方法をより小さい子どもたちの教育に当てはめて、幼児の心の中にある神性をどのようにして伸長していけるかに腐心し、小学校就学前の子どもたちのための教育に一生を捧げた。

補5　恩物＝幼稚園の創設者フレーベルの発案になる遊具。ドイツ語の Gabe の訳。幼児に対する神からの贈物の意。事物を認識させる基礎として積木、球などを用い。第一～二十恩物まである。種々の修正を経て広く幼児教育の領域に普及し、日本では一八七六年幼稚園の創設と同時に導入された。

Ⅱ

女子教育の先覚者

「人格高き女子を造れ」

翻刻と頭注

「人格高き女子を造れ」は、漢文訓読による部分もあります。本文は、旧仮名遣いで新漢字とし、句読点を施し、ルビは、適宜現代仮名遣いで施しています。また頭注を付しています。

一オ

人格[注1]高き女子を造れ

（大正十年四月十八日、箱底より、見出しのまま之を記す）

当今[注2]、人、口を開けば女子教育のことを云ふ。善哉[注3]。是果して珎らしきがためか。されど女子教育の公に開かれしより既に業[注4]に四十有余年何[注5]ぞ其の珎しきが為めならむ[注6]。然るに世道[注7]は茲にいよ〳〵注目するは、大いに故[注8]あるべし。

抑[注9]女性の責任を問へば、妻たり、母たり、一家の整理[注10]者たり。一口に云へば斯る挾き意を有し居れと、之を広く云ふときは、総ての素を為すものにして、其係はる所広くして且つ大也。

注1 人格＝人間性。人柄。（人間性豊かな女性を育成しなさい）
2 当今＝このごろ。現今。
3 善哉＝よいかな。よいと感じてほめる言葉。
4 業＝生活を営むための仕事。
5 何ぞ＝どうして（……か）なぜ（……か）
6 ならむ＝ではない（何ぞ……ならむで反語）
7 世道＝世の中で人の守るべき道義。世の中の道徳。
8 故＝事の起こるわけ。理由。原因。
9 抑＝いったい。だいたい。
10 整理＝整えて、きちんとすること。

一ウ

されば先つ女子教養[注1]の義[注2]は素より、学校外各家庭にも候ざる可(べか)らさるもの大に有るを察して、よくその女子の所能と短所[注3]とを見認め[注4]而(しか)る後其れに適したる業務を授けてその長を発揮し其短を補はせしめ其の人格を養ふ[注5]事を勤めしむへし。若(も)し、それ人格高からさらんには、他日子女[注6]を教養[注7]するに当りて良結果を得ること難かるべく。たとへば人格低ければ見識[注8]低くしてつまらぬ方に心気を奪はれ、些細(ささい)なる事物に心を動かされ迷ひ易く、虚飾[注9]を是事[注10]とし、所詮[注11]虚栄[注12]の心を助長[注13]せしむる等に至るさるは、実にとるに足らずとする也。

注1 女子教養＝女性としての教えを育てること。心の豊かさ。
2 義＝正しい道。道理にかなう。
3 所能と短所＝長所（能力が優れていること）と短所（他と比べて劣っているところ。好ましくないところ）
4 見認(みと)め＝目にとめる。認める。
5 人格を養ふ＝人間性を育てること。
6 子女＝子どもの総称。
7 教養＝教え育てること。
8 見識＝ある物事に対する確かな考えや意見。
9 虚飾(きょしょく)＝実質を伴わない外見だけの飾り。芙雄は、明治八年十一月二十三日、上京にあたり初桜女学校の生徒たちに贈った別れの言葉の中に「文質彬彬(ぶんしつひんぴん)」がある。外見的な美しさと内面的な実質が調和していることが大切であるとしている。
10 是事(ぜじ)＝正しいこと。
11 所詮＝結局は。つまるところ。
12 虚栄＝外見を飾って、自分を実質以上に見せようとすること。
13 助長＝ある傾向をさらに著しくすること。

二オ

茲を以て、其の女の長所短所を知りて、之をよく培かひ[注1]、之を持続させしめ、総て質実真面目[注2]を基礎と築き上げたる上に、その精神を据ゑしむる事を努むるが肝要なり。

女性は、其性[注3]可憐[注4]なる情[注5]あり、神聖[注6]なる所あり、決て侮り見下す[注7]等の事は無用なり。

女性を軽蔑[注8]するは、己が神聖を侮蔑[注9]するもの也。

多くの女人中、男子優りの者も之有らむ。志かれ共大部の女性特得の性を云へば、概して正直真面目にして、可憐なるもの也。然るに之を弁へ[注10]ずして、之を屈辱軽蔑抔したらむには、却てその特長を顕すこと能はすして、空しく其能を抱く[注11]の感あるに至らん。

注
1 よく培かひ＝大切に養い育て。
2 質実真面目＝飾りけがなく、まじめ。
3 其性＝人が生まれながらに持っているもの。
4 可憐＝かわいらしい。
5 情＝思いやりの気持ち。
6 神聖＝清浄でけがれがないこと。
7 侮り見下す＝軽んじて見下す。
8 軽蔑＝劣ったものなどとみなして、ばかにすること。
9 侮蔑＝見下しさげすむこと。
10 弁へ＝心得ている。
11 抱くの感＝かかえるように包み持つ感じ。

二ウ

要するに、女子はゆく〱家を治め、子女を教養し、老をいたはり、毎(つね)に夫を内助[注1]し、夫の為に有力なる相談相手にたつべきもの也。

茲(ここ)を以て、女子の力は、足らさるものとせずして、よく信頼[注2]し、よく之を鍛錬[注3]せしめて、他日[注4]の用に供す[注5]る事を期せしむ[注6]べし。

斯(かか)る場合に当(あた)れる女子は、己(おのれ)の力を厭はす[注7]、毎(つね)に母親の為忠実真面目[注8]なる助手たるべきや疑ひなし。此の呼吸[注9]を弁(わきま)へざる人は、徒らに[注10]女子の力を試さむとのみして以て、朝暮[注11]に短所のみを責めなば、豈[注12]天稟[注13]の美玉優良なる資質を

注1 内助＝内部から援助すること。明治二十三年十月十一日『女学雑誌』（二百三十四号）への芙雄の寄稿文「無学是れ女の貞徳乎」に「嫁ぎては夫の良き友たらしめ子をもちては賢き母たらしむる」とある。
2 信頼＝すべて任せられるという気持ちをいだくこと。
3 鍛錬＝体力・精神力・能力などをきたえて強くすること。
4 他日＝いつの日か。後日。
5 供する＝役に立つようにする。
6 期せしむべし＝期待をする。
7 厭(いと)はす＝面倒臭がらず。嫌がることなく。
8 忠実真面目＝まごころをこめてよくつとめること。
9 呼吸＝息遣い。
10 徒(いたず)らに＝役に立たない。むだに。
11 朝暮＝あけくれ。いつも。
12 豈(あに)＝あとに推量を表す語を伴って、反語表現を作る。どうして……か。
13 天稟(てんぴん)＝生まれつき。天性。

三オ

備ふる人と雖(いえども)、之を施すに余地なく、却(かえ)りて彼をして不遇に泣かしむること往々にして[注1]、莫し[注2]とのみ云ふ可らさらん。之其の女性の本質を知らざるより来る弊[注3]なりと謂はさる可らずと思ふ也。

世の若き女子の親及若き女子に対する教育者、この消息[注4]を弁(わきま)へられんことを望むなり。

自家子弟を高尚[注5]ならしめよ

若し、それ女性にして唯是(ただこれ)衣服、頭髪、化粧等の観念、而巳[注6]を以て、女子普遍の如く、心得、其(その)他如何にも浅薄なることを以て、足れりと心得たらむは、連[注7]も此の国家を愛し、皇室の尊厳[注8](そんげん)を弁(わきま)へ吾国家をして

注1 往々にして＝時折り。時々。
2 莫(な)し＝ない。否定の意を示す語。
3 弊(へい)＝よくない習慣。害。
4 消息＝状況。事情。
5 高尚＝けだかくてりっぱなこと。
6 而巳(のみ)＝それだけ。
7 連(つらなる)＝たくさんの人々が。
8 皇室の尊厳＝皇室の尊くおごそかなこと。芙雄の夫である小太郎は、「尊皇開国」の考えを持っていたので芙雄は、夫からの強い影響を受けている。「尊皇」は、天皇の下に統一された国家が必要で、「攘夷」は、外国人を追い払おうとし、「開国」は、外国と交流や通商をはじめる考え。

三ウ

万国と対峙[注1]する事の観念抔(など)あるべき様なし。

斯(かか)る母の生みたる子女にしては、其の精神如何(いか)にぞや。吾々の家は富強[注2]なる国家を築造するの基ゐ[注3]をなすものなりと云精神を甚少(はなはだすく)なくとも子女の母より、皷吹[注4]せまほしきものなり。

是等は、孰れ[注5]も其の母の見識[注6]より、湧(わ)き出るものにて、即ち家庭より流伝[注7]せざるは、稀也。故に家庭の任に当るべき女性は、早くより国家の観念[注8]を盛ならしめ、以て子女を教養すべき予備を授(さず)け置かざる可らす。即ち他日、母たるの女性にして、此の観念、此の信念[注9]に乏(とぼ)しければ国民の信念を

注1 対峙(たいじ)＝向かい合う。
2 富強＝経済的に豊かで勢力が強いこと。
3 基ゐ(もとい)＝基本。
4 皷吹(こすい)＝奨める。奨励。勧める。
5 孰れも(いずれも)＝どれ。どちら。どっち。
6 見識＝物事の本質を見通すすぐれた判断力。また、それに基づくしっかりした考え。識見。「貞淑の婦女」（品位のある立派な婦人）になることを理想とした。学問や教養を身につけて自ら立つ、人間教育が根底にある。
7 流伝(るでん)＝世に広まり伝わること。広く言い伝えられること。りゅうでん。
8 観念＝物事に対してもつ考え。
9 信念＝正しいと信じる自分の考え。

四オ

幾分(いくぶん)可(か)欠乏(けつぼう)せしむるものと思はざる可らず。之誰も口には謂得(いいえ)るが如(いかん)けむも、其実行に至りては、果して薄弱[注1]たるものあるに非(あら)さらん哉。方今[注2]、世道人心[注3]、日に非なり[注4]ときく。苟(いやしく)も国民にして国家の前途を思ふ信念薄しとせは、実(じつ)にあちきなき[注5]の至りならす乎(や)。

明治天皇御製(ぎょせい)に、

たらちねの[注6]　庭のをしへは[注7]　せはけれと
ひろき世にたつ　もとゐとはなれ[注8]

と遊はされたる[注9]に非すや。まことに動かす可らざる御教訓とこそ察し奉るなれ。こゝにいさゝか思ひあたるにつけて、此の御歌(ぎょか)を曳證(ひきあか)し奉る事

四ウ

志(し)可(か)りと云。

注1　薄弱(はくじゃく)＝あいまいではっきりしないこと。
2　方今(ほうこん)＝このごろ。
3　世道人心＝世の中の道義と世の中の人の心の状態。
4　非(ひ)なり＝良くない。正しくない。
5　あぢきなき＝それだけのかいがない。つまらない。無益。
6　たらちねの＝「母」あるいは「親」にかかる枕詞。
7　庭のをしへ＝家庭での教育。著書『保育の栞』の中で、幼児期はやわらかい若葉のようなものであるから徳育と知育の二葉の両方を育てなければならないとしている。また、『女学雑誌』二百二十九号（明治二十三年九月六日）の芙雄の寄稿文「幼稚園」では、「知育的に陥(おちい)るもの戒めざるべからず」（知育的な教育のみにかたよるようなまちがいをしないように前もって注意をしなければならない。二重否定は肯定）と書いている。
8　もとゐとはなれ＝『明治天皇御集』には、「もとゐとぞなる」とある。基本となること。
9　遊はされたる＝最高敬語。尊敬語。おつくりあそばされた。

III

茫々八十年の回顧

—お騒ぎ時代乱世の怖しさ、今からは万事が夢の様—

翻刻と側注

本文は、大正十四年十二月七日の『いはらき』新聞「芙雄号」に掲載された回想談話であり、豊田芙雄の自叙伝ともいえるものです。

本文を転載するに当たりましては、旧漢字、異体字は、それぞれ新漢字や正字とし、仮名遣いは、原文のままの歴史的仮名遣いとし、ルビは、適宜現代仮名遣いで施しています。新聞に掲載された本文は、判読困難な文字や、誤植や脱字や句読点の混同等も窺えます。判読困難な文字には、□印とし、文章の前後関係から想定して明らかな部分については、挿入や訂正を行っています。

本文に注を加え、それぞれの章末に注解をしています。また、※印で参考資料を付しました。題名の「茫々（ぼうぼう）」は、遠くはるかに広がっているさまを表しています。

左の一篇は豊田先生の往時を尋ねんとて、本社記者戸祭良水、[注1]猿田千代子両人が訪問せし際の、先生の回顧談を戸祭記者が筆記したものである。先生の既往を知ると共に凛乎たるその行跡、艱難たる当時の世相も窺はれ、現代華美奢侈の風俗に対し一種の鞭たるべきを以つて此処に掲げることとしぬ

注1　戸祭良水、猿田千代子については、「豊田芙雄と大成女学校」で後述。

私が甲斐もなき身を聖代の恵みに浴し、徒らに生きながらへて居りますのに対し、飯村先生[注1]から特別の御眷顧にあづかり、結構なる品を頂戴し、皆様からお心こめたる詩歌を贈られまして只感謝の外はありません。

八十年の回顧をせよとの事でございますが、私は只武士の子として生れ、育てられ、人の妻となり不幸にして夫に早く別れて後は、只人の道を守つて生きて参つたのみですから、格別取り立てゝお話する程の事もございません。只幼時からの私の記憶を辿つてお話致しませう。

注1　飯村先生については、「光栄と感謝」で後述。

父について

私[注1]の生まれたのは、弘化二年で父は桑原治兵衛、[注2]母はゆき[注3]と申しまして藤田幽谷の二女東湖には妹に当ります。

父治兵衛は初めの名は幾太郎、諱は信穀、照顔堂と号しまして、天保二年進仕し彰考館に勤め、長沼流の兵学を善くし又国学を少し致しました。気根の良い人で常に筆を執り、数多筆写物、著作物もありそんな物が長持に一棹あつたのを覚えてゐますが、水戸大火の際に皆焼いて了ひ『武山陵考』のみがその時、父の妹の嫁した桜町の柳瀬家[注4]にあつたのです。

祖父の治右衛門は烈公の御息女雪姫様の御附士として鷹司様に上り九年間京都に在りましたので父治兵衛も折々京都に赴き諸所の山陵を拝してはその荒廃を慨きました。後、治兵衛亦藩命に依り雪姫様の御附士として三年間京都に勤め、この間藩命で山陵に関する取調もし、大日本史の資料となつたのです。殊に大和畝傍山の神武天皇御陵[注5]の荒廃については慷慨し、当時水戸彰考館総裁豊田天功[注6]と屡々、書を往来して之が対策を講じたことがあります。これらの事は『武山陵考』になつて輯められてゐます。

注1　芙雄は、弘化二（一八四五）年十月二十一日に生まれた。「信願寺町の角で生まれた」冬と命名したのは、「寒い冬に生まれたからです」。（『豊田芙雄からの聞き取り記録』、高橋清賀子家（豊田芙雄関係文書）茨城県立歴史館寄託による。以下『豊田芙雄からの聞き取り記録』とする）。『水戸二高七十年史』（昭和四十五年十月二十一日）の写真版履歴書によると、現住所を水戸市上市田見小路二十五番地とし、「嘉永四年十二月二十一日水戸市藤沢小路ニ生ル」とある。誕生については、同書に「弘化二年、嘉永元年、同二年と書かれたものもある」としている。『いはらき新聞』「芙雄号」の年譜によると「弘化二年（乙巳）十月二十一日藤坂町に生まる」とある。現在の水戸市五軒町三丁目に生まれる。

注2　父親の桑原治兵衛は『豊田芙雄からの聞き取り記録』によると「ジヒヨウエ」とある。寛政十二（一八〇〇）年の生まれ。通称として、はじめは幾太郎、後に治兵衛と改め、諱を信毅照顔堂と号した。彰考館総裁の高橋広備の門下であった。文政三年、二十一歳の時、勧学を賞されて白銀二枚を賜っている。祖父の治右衛門信茂は大吟味役や勘定奉行を勤めた。信毅は、文政六年に江戸詰を命ぜられる。この年師の高橋広備は、五十三歳で亡くなっている。天保二年七月には、矢倉奉行となって水戸に移る。天保四年七月烈公・徳川斉昭の姉順姫（徳川従子）の付属の取り次ぎ役に任命される。同年秋順姫が公家の二条斉信に嫁することになり供奉して上京した。天保五年十二月「畝傍東北陵考」を執筆する。天保六

年二月烈公の姉鄰姫（りんひめ）が鷹司政通（たかつかさまさみち）に嫁ぎ、付属となる。翌年の天保七年二月には、江戸に戻る。天保十年十一月には、松岡郡の郡奉行となり水戸藩の検地に尽力した。弘化元年五月、斉昭の改革事業は反対派により挫折し、斉昭は隠居謹慎となり、この運動を計画した信穀や会沢正志斎（あいざわせいしさい）等は、謹慎四年に及んだ。弘化元年から恩赦があり、信穀は蟄居御免、小普請組となり謹慎を解かれた。嘉永五年一月には、吉田松陰が訪ねて来る。文久元年十月十日に亡くなり、享年六十二歳であった。墓は、水戸市妙雲寺。

注3　母親は雪。母方の祖父藤田幽谷（ふじたゆうこく）は、安永三（一七七四）年二月十八日、水戸城下奈良屋町に生まれる。幼少の頃から学問で頭角を現すようになり、彰考館編修で後に総裁となる立原翠軒の門下となり彰考館に入り、『大日本史』の編纂に携わった儒学者。文政九（一八二六）年十二月一日に亡くなった。

　叔父の藤田東湖（ふじたとうこ）は、文化三（一八〇六）年三月十六日生まれ。父は水戸学者・藤田幽谷、二男であるが、兄の熊太郎は早世したため、嗣子として育つ。水戸学藤田派の後継者。彰考館総裁代役などを歴任する。当時藤田派と対立していた立原派との和解に尽力するなど水戸学の大成者としての地位を確立し、幽谷門下の会沢正志斎と共に尊皇攘夷論や「国体」論を唱えた水戸学を代表する学者である。東湖は学問と実践の一致を標榜する水戸学精神の体現者にふさわしい生き方を示し、後世にも強い影響を与えた。

注4　桜町は、昭和四十二年六月に金町二丁目、金町三丁目となった。父治兵衛の妹が嫁したのは柳瀬半七郎勝永。

注5　神武天皇（じんむてんのう）　日本神話に登場する人物であり、『古事記』や『日本書紀』では、日本の第一代に数えられる天皇で皇統の祖としている。神武天皇御陵は、宮内庁により奈良県橿原市畝傍山の東北三百メートルの畝傍山東北陵（うねびのやまのうしとらのすみのみささぎ）だと治定されている。

注6　豊田天功（てんこう）は、文化二（一八〇五）年の生まれ。「舅天功のこと」で後述。

母と母の同胞(どうほう)

母は自分の口から言ってはおこがましいが幽谷の子丈(こだけ)あり、女ながらも相当に学問がありました。幽谷は漢学も国学も善かつたのでしたが、その剛直(ごうちょく)な漢学方面は男子東湖に伝へ、柔和(にゅうわ)な国学の蘊蓄(うんちく)をば女子に伝へたらしいのです。母の姉が国学者吉田令世(のりよ)に嫁したのも、そんな諒解(りょうかい)があつたからでしたろう。母の同胞は長男が夭死(ようし)、長女[注1]が吉田令世に嫁(か)し、二男が東湖、二女[注2]が私の母、三女[注3]が久木直次郎に嫁し、四女[注4]が武田耕雲斎の長子彦右衛門に嫁しました。久木へ嫁した叔母は殊に学問があり、御殿に上がつて紫式部の異名を取つた程で烈公からも度々書物抔(など)の御下賜(ごかし)があり同輩から妬(ねた)まれたそうでした。

注1　長女（本）は、吉田令世(よしだのりよ)に嫁す。吉田令世は、国学者。寛政三（一七九一）年の生まれ。字は平坦。通称は平太郎。号は活堂。藤田幽谷の門下。書と和歌に優れる。徳川斉昭の藩主就任に尽力し、側近の一人としてその藩政改革をささえる。彰考館員、藩校弘道館の助教、歌道掛を勤めた。弘化元（一八四四）年五月二十三日没。五十四歳。著作に『歴代和歌勅撰考』『水の一すち』『鎖狂録』『声文私書』「歴代和歌勅撰考」等。四男壮蔵尚行は小松崎家へ養子。

注2　二女（雪）が芙雄の母。

注3　三女（嘉能(かの)　御殿での呼び名は益(ます)であった）は、「梅御殿に奉仕し、久木真次郎に嫁す。久木真次郎(ひさき)久敬(ひさたか)は文久元年十一月二十三日には馬廻頭となる。宝暦十三（一七六三）年二月二十九日東條介衛門常房五十二歳が「梅御殿奥方番」となるとあり、この年の六月には、立原翠軒二十歳が江戸に出て彰考館書写場傭(やとい)に採用さる。「竹隈の邸内に於いて女塾を開いて居ました」この女塾は「当時に於ける水戸唯一ののであつたろう」（『豊田芙雄からの聞き取り記録』）

注4　四女（幾）、武田幾、彦右衛門の妻。武田彦右衛門、天狗党首領武田耕雲斎(たけだこううんさい)の長男。文政五（一八二二）

年生まれ。名は正勝。水戸藩士。五百石。書院番頭。元治元（一八六四）年小川勢を率い転戦し、十月、自首した榊原新左衛門と離れて西上し、慶応元（一八六五）年二月四日、越前国敦賀で斬首となる。贈従四位。享年四十四歳。敦賀松原と水戸に墓がある。幾は、慶応元（一八六五）年九月二十四日、水戸獄中で絶食して亡くなる。享年四十三歳。子どもに女子（松本忠大夫持重妻）某小太郎（早世）某（金次郎）某（三郎）某（四郎）がいるが、金次郎を除き、慶応元（一八六五）年三月二十五日、水戸で斬首される。

※「豊田芙雄関係略系譜」については、既に『日本幼稚園創設功労者豊田芙雄先生の生涯』（昭和三十二年五月二十五日、安省三）『豊田芙雄と草創期の幼稚園教育』（平成二十二年三月一日、前村晃、建帛社）や『日本人初の幼稚園保姆豊田芙雄』（平成二十四年十月二十日、大洗町幕末と明治の博物館）によってそれぞれ付されてはいるが、『水府系纂』では長男の熊太郎は早世で、女子（長女の本）がいて、次に東湖がいる。その後に女子（二女雪）、女子（三女益）女子（四女幾）とある。芙雄自身も本稿に於いて、その順序に名前を挙げている。

※山川菊栄『武家の女性』（『山川菊栄全集第十巻』昭和五十六（一九八一）年十二月　岩波書店）には、当時の水戸での女子教育についての考え方は、「水戸では、女に学問をさせると縁が遠くなるとか、また血筋をよそに持っていかれるとかいって厭がりました」「藤田東湖の妹たちはみな仕込まれた様子で、武田耕雲のよめとなったいくが、元治の乱の後、入牢中、子供らに『論語』を教えた話も伝わっており、豊田芙雄刀自の話では久木直次郎の妻となったますも才学があり、烈公の侍女となっていたころ、御殿では朋輩の妬みを避けて、本箱をうしろ向きにして壁におしつけ、人の見る所では書物を手にしないように気をつけていたということです」とある。

※日本の初代労働省婦人少年局長となった山川菊栄の母青山千世は、お茶の水女子師範学校の第一期の卒

業生で、祖父の青山延寿は、水戸藩の儒学者であった。菊栄は、水戸藩青山家伝来の珍しい資料や母千世からの聞き書き等によって、『武家の女性』（昭和十八年）や『女二代の記』（昭和三十一年）や『幕末の水戸藩』（昭和五十年　大仏次郎賞受賞）の著書があり、これらの書籍には、旧水戸藩を中心とした幕末から明治にかけての世相が詳しく描かれている。

外祖母のこと

母の父幽谷に就いては言ふ必要もありませんが、母の母も東湖を生んだ丈けに賢婦であつた様です。丹氏□嫁[注1]したので梅子と言ひました。快活な性で私らが藤田家へ遊びに行く頃はリウマチスの為に腰が曲がつて起居不自由でしたが、あまたの孫達がいろ〳〵と身の廻りの世話をして呉れるのを喜んで「ご覧、私の所は車の輪の廻る如しだ。今度は洗面だ、今度は食事だ」抔と言つたり、夜皆が歓談してゐる時などひよつこりと

老いぬれば昔語りをなすとても
よそになされて聞く人もなし

と自詠の歌をうたひ出して皆を笑はせてゐました。安政二年[注2]の江戸大震災に一旦戸外に逃れた後この母は「灯下を消して来よう」として再び家に入つたのを東湖が「お母様あぶない、灯下は私が消します」と言つて母を抛り出し自分が梁に潰されて死んだのでした。歌も詠み筆跡を善くし、家庭の教育にも思ひを致した様でした。

注1　「丹氏□嫁したので」の□部分は判読困難ではあるが、「丹氏因嫁したので」であろう。外祖母は、丹慎斎一言の娘で名前は梅（三人兄弟で兄の就道と弟の雅言）であった。『水府系纂』によると、遠祖は

多賀郡神岡村（現在は北茨城市）に住。父親の丹慎斎一言は、初名は太一郎又は、武衛門であった。天明八年正月十三日には、格式物書並びとなり、寛政六年九月二十四日には、町与力となっている。文政四年七月二十七日に七十七歳で亡くなっている。梅の長兄就道は、享和三年二月六日に史館（彰考館）雇となり、文政元年十二月二十五日には、史館物書となっている。文政五年三月十九日には文庫役も兼ねた。

注2　安政二（一八五五）年十月二日の夜十時頃、震災。東湖が母の身代わりとなり圧死、享年五十歳。後に「藤田東湖護母致命之処」の碑が建立され、もとは白山通りの方にあったが、道路の拡幅工事のため、現在は、後楽園内に移されている。

生家の兄弟

私らの同胞[注1]は兄力太郎と私と、弟政（まさ）[注2]の三人で、母[注3]は政を生んで間もなく、私の十二歳の安政三年に果て、父[注4]は文久元年致仕（ちし）し対（つい）で六十二歳で果てました。父が豊田天功と親交があり、殊に私が小太郎に嫁してからは一層親密になつて、国事の為非常に同主義で活動したのでした。

注1　「私は十四才まで江戸に居り、深作ふで子に手習いを新井氏に薙刀を午後は檜山氏に裁縫を習ひました」「水戸に帰つてからは姉と共に父より経書を教えられたが、私は太平記が好きで繰返し愛読しました」「和歌は幼い頃から覚え始めたのであります」（『豊田芙雄からの聞き取り記録』）

『水府系纂』には、

某（力太郎（りきたろう）信力）

女子　高橋忠之介　妻礼不成　死後嫁豊田小太郎靖

とある。

※高橋忠之介広載（ひろのり）は、廣光又左衛門の長男。初名鉄の丞。安政四（一八五七）年八月御床机廻リ、同六（一八五九）年九月烈公御下国ニ扈従シ奉リ万延元（一八六〇）年正月十四日死ス。二十二歳。祖父の広備、又一郎、担室は彰考館総裁を勤め、藤田幽谷と並び称された学者。

注2　本文のルビにはまさとあるが、『豊田芙雄からの聞き取り記録』には、弟政（ただす）とある。安政三（一八五六）年二月二十四日生まれ。「水戸に二十二年」で後述。

注3　母雪は、安政三（一八五六）年八月十九日没。享年四十二歳。

「新屋敷に居つた七、八才の頃、近所の常磐小路柴田政右衛門夫人が書に巧みであつたので姉と共に通つて手習いをしました。五軒町に移つてからは前述のやうに母について手習いをし、江戸に移つては深作治十の夫人深作ふで子について手習裁縫及小笠原流の女礼式を学びました。この深作氏は千波の深作氏一門と何か関係があるかも知れないがその後機会がなくて確かめて居ません。深作ふで子は当時珍しい方で夫の身分以上の大きな長屋にあつて三人扶ちを賜はり、命によつて家中の女子に教育を施して居ました。弟子は百人に余り、その間に階級があり、一年生から三年生位までありました。教育は厳格で一日の課業の終わつた時には、階級によつて並び、下級より順次一人々々先生の前に呼出されて、『お師匠様左様なら、皆さんお先に』といつて退出したのです。又時に卒業式のやうなこともありました。深作氏に学ぶ弟子達は女礼式等に優れてゐるといふことは当時家中によく認められたのです。十三、四才の頃は家庭に入つたが、この頃は娘らしい髪を結ふやうになり、内で裁縫やお手本によつての手習いもやつて居りました。またその頃深作氏の附近の新井源八郎氏の母上の許に通つて二、三年間穴澤流薙刀の稽古もしました。水戸に帰つてから、父に四書の素読を教へられ、これを他の娘達に受売りをしました。又母が手本を書いてこれを近所の娘達に教へたので私もその仲間入りをしました。（『豊田芙雄からの聞き取り記録』）「柴田政右衛門」は『水府系纂』には「柴田将衛門」とある。

注4　父治兵衛は、文久元（一八六一）年十月十日没。享年六十二歳。

※山川菊栄『武家の女性』（『山川菊栄全集第十巻』昭和五十六（一九八一）年十二月　岩波書店）には、芙雄について、「少女時代を父君や兄君力太郎と共に江戸藩邸に送りました。そのころ同じ長屋に深作治十という人の妻ふでという夫人が能筆でもあり、礼式にくわしく、家中の娘たちを教えたほか、小笠原壱岐守の御殿へも出入りしていたそうです。この人は女子教育の功労者として特に藩から扶持を賜った例のないことでした」とあり、「刀自は、政崎巌（ママ）という藩士のところへも毎夜通って『史記』、『漢書』を学び、家庭では経書を学んだということでしたが、これも当時としてはあまり例のなかったことでしょう」と記している。他にも歌を詠み書をよくする婦人はいたが、それらは、父か母かにその心得があり、「家の伝統によるもので、一般には、女は平仮名で手紙のやり取りができれば十分とされていました」とある。

「この深作氏は千波の深作氏一門と何か関係があるかも知れない」と書いている。ふで夫人は、女子教育の功労者として特別に藩から扶持を賜ったとあるので、特別扱いであったものと思われる。また、この人は、小笠原壱岐守の御殿へも出入りしていたとのことであるので、小笠原流礼法にも関係しているものと思われる。芙雄は安政四（一八五七）年五月に「小笠原女礼一～三」を書写している。壱岐守、小笠原（おがさわら）長行（ながみち）は、江戸時代後期の江戸幕府の老中で外国事務総裁。肥前国唐津藩小笠原家初代・小笠原長昌の長男。唐津藩の世嗣である。「政崎巌」は、川崎巌の誤りであろう。政崎の名前は『水府系纂』には、掲載されていない。

豊田家に嫁す

前に申しました様に、父治兵衛は天功と親密であり、天功は幽谷の門人であり、藤田家と桑原家とは親戚であつたので、天功と私の父の間には私を小太郎に配(はい)すべく私の父の生前に話があつたのだそうです。それで文久元年十月十日に父は没しましたが、私は父の遺志に依つて翌文久二年[注1]戊午(いぬどし)六月二十八日、小太郎に嫁したのです。夫小太郎は二十九歳、私は十八歳媒酌(ばいしゃく)は私の叔母婿(むこ)久木直次郎でした。当時舅(しゅうと)も夫も史館官舎に在つたのですが、婚礼を挙げる為に大町[注2]山野辺邸を借りて住居し、私ら家族は其処(そこ)に住まいました。其後文久三年の暮押詰(くれおしつま)つて下市[注3]七軒町に住まひましたが、翌元治(げんじ)元年正月には舅天功が果てました。

注1　文久二（一八六二）年六月二十八日、冬（十八歳）、豊田小太郎（二十九歳）と結婚。『豊田芙雄からの聞き取り記録』には「靖(サダム)」とある。

注2　大町山野辺邸については、「大町の角屋敷で角が宇都宮氏其の次が助川一万石の大名山野辺の分家であった」。その後「山野辺氏も急に水戸へ帰る事になつたので狼狽して下市七軒町の町屋井筒屋を見附けて転宅しました」（『豊田芙雄からの聞き取り記録』）。

注3　下市七軒町は、現在の本町一丁目となり、柳堤荘、七軒町児童公園、竈神社がある。

舅(しゅうと)　天功のこと

天功は久慈郡賀美村字坂[注1]の上に生まれ、幽谷の門に入り松岡(しょうこう)と号し、頴才(えいさい)の聞こえ高く、天保十二年水戸藩に仕(つか)え、彰考館に入り安政三年総裁となつたのであります。頗(すこぶ)る励精(れいせい)勤勉の人で老年に及(およ)んでも大日本史編輯(へんしゅう)の筆を休めず、七軒町の寓(ぐう)に移つてからもしきりと筆を執つてゐました。烈公[注2]の命で七郎[注3]

麻呂に上るべく『論語時習録』二十巻を草しこの頃書き終ひましたが乱世の為その儘になつたかと承知してゐます。晩年胃癌を患へながらも気丈の性質故、決して病態を見せず、夜も遅くまで執筆し私が何時目を覚しても、舅は水洟をすゝりつゝセッセと筆を運んでゐる様子でした。そして正月二十一日[注4]六十歳で没したのです。

依つて夫小太郎が家督を相続しました。

注1　賀美村は、明治二十二年四月一日、町村制施行により、上深荻村・小菅村・大菅村・折橋村が合併し久慈郡賀美村が発足。昭和三十年九月一日、賀美村は小里村と合併し里美村となり、平成十六年十二月一日、常陸太田市に編入し現在に至る。

注2　徳川斉昭　諡号は烈公。寛政十二（一八〇〇）年三月十一日生まれ。水戸藩の第九代藩主。江戸幕府第十五代（最後）の将軍・徳川慶喜の実父である。万延元（一八六〇）年八月十五日没。

注3　七郎麻呂（原文は「七郎丸」）は、徳川慶喜の幼名。江戸・小石川の水戸藩邸にて第九代藩主・徳川斉昭の七男として、天保八（一八三七）年九月二十九日に生まれた。幼名は松平七郎麻呂。大正三（一九一三）年十一月二十二日没。斉昭には男子二十二人、女子十五人、合せて三十七人の子供がいたが、男子は長男を別として、二番目の子供からはナンバー制で名前を付けた。慶喜は七番目の男の子であるから「七郎麻呂」と名付けられた。慶喜は、江戸幕府第十五代征夷大将軍〈在職は、慶応三（一八六七）年から慶応四（一八六八）〉年まで。江戸幕府最後の将軍であり、歴史上征夷大将軍に任じられた最後の人物。大正三（一九一三）年十一月二十二日没。

『論語時習録』は、『豊田芙雄からの聞き取り記録』には、『論語自習録』とあり、「烈公様よりお子様方の教育方を命ぜられた為であります。献上及び出版の運びに至らずそのまゝ、今尚長持ちの中に蔵しています」とあり、又、「それは烈公より京都御守衛に上れる余四丸の教育方の命を受けた為であります。然し余四丸は十四、五才で没せられたので完成を見たが献上及出版の運びに至らず、そのまま今尚長持ちの中に蔵してあります。この余四丸は土浦藩に養子になる筈だつたが、京都で夭死せるため烈公の次の息が土浦に養子となりました」。

注4　豊田天功（とよだてんこう）　文化二（一八〇五）年、久慈郡坂野上村（現在の茨城県常陸太田市上深荻町）の豊田清三郎（諱を信卿）の二男として生まれる。幕末の水戸学者で、彰考館総裁を勤める。『大日本史』の完成に大きく貢献した。天功は字。名は亮、幼名は丑松、のち彦次郎、号は松岡、晩翠。幼年時からその才を広く知られ、十四歳で青藍舎に入門して藤田幽谷の門人となった。翌年、幽谷の子・藤田東湖と共に江戸に出て、亀田鵬斎・太田錦城に儒学を学び、岡田十松に剣術を学んだ。文政三（一八二〇）年に彰考館見習いとなり『大日本史』編纂事業に携わる。天保三（一八三二）年に大門村（現在の茨城県常陸太田市）の黒羽資満の二女万と結婚する。安政三（一八五六）年彰考館総裁に就任し、『大日本史』の志・表の編纂を主宰した。「食貨志」「兵志」を脱稿したが、完成を見ないまま元治元（一八六四）年一月二十一日没。享年六十歳。同年三月十五日小太郎家督百五十石を相続。

夫の追憶（ついおく）

一、幼にして俊敏

小太郎は名は靖（やす）、号は香窓（こうそう）と申し天功の長子で天功が未（いま）だ久慈郡に居つた天保五年三月一日に生まれ天功水戸藩に進仕するに及んで水戸に出でたのであります。自分の夫をほめるのもおかしいが小太郎は天功の子丈（こだけ）あり少（しょう）にして俊敏の誉（ほまれ）がありました。初め弘道館で国漢学を専攻しましたが、安政元寅年二十一の時、藩の選抜を受けて南部藩士大島高任[注1]について蘭学を修めました。

水戸藩では最に蘭学者を聘して藩士を選び蘭学を伝習させたのでありましたが、種々な故障で永らく中止の姿になつてゐたのであります。後、下間良弼[注2]を聘したのですが、その間は小太郎が講習をしたのでした。良弼が来てから、更に之に就いて学び、安政三年良弼辞して栗原唯一[注3]が代るや、小太郎また之に就て学び研鑽四年学大に進みました。そして『航海要録』の翻訳を完成しましたので、安政四年二月父天功から前藩主烈公に呈しました所、公は之を賞して「倅航海要録よろしく出来令感心候、倅も中々才子と存じ候」との書を天功に与えたさうです。この時小太郎二十四歳でした。

注1　大島高任　幕末から明治時代の鉱山学者。父・大島周意は藩医として南部藩に勤めた。文政九（一八二六）年五月十一日生まれ。天保十三（一八四二）年十七歳、江戸で蘭方医の箕作阮甫や坪井信道に師事、長崎では採鉱術を学ぶ。嘉永六（一八五三）年水戸藩主の徳川斉昭に招かれ那珂湊に反射炉を建造した。明治三十四（一九〇一）年三月二十九日没。

「講習には小太郎、鈴木安之丞その他総勢六名が選ばれて講習学生となったが、当時『ヘットマンドラ』などいふ蘭語が弘道館界隈に有名になりました」（『豊田芙雄からの聞き取り記録』）

※『高橋清賀子家文書目録』（平成七年三月三十一日、茨城県歴史館、小松徳年編集）の解題に「水戸藩は、海防対策の必要に迫られて、洋学を摂取した。しかし蘭学生を限定し、しかも藩主自らの統制下に置いた点に、水戸藩の洋学接種の限界があったといえよう。小太郎の悲劇もまた、そこに原因を求めることができようか」と書いている。

注2　下間良弼　江戸時代後期の蘭学者。安芸・広島県の人。緒方洪庵の適々斎塾に学び、水戸藩に招かれて蘭学を講義。安政三（一八五六）年広島藩に医師格で仕え蘭学を教えた。文久二（一八六二）年没。

注3　栗原唯一　緒方洪庵の適々斎塾八代塾頭。京都の町医。

二、国事に奔走

安政三年小太郎床几廻りとなり、鈴木豊大と共に「洋学世話掛」を命ぜられ、安政四年四月大日本史志類中の天文音楽に関する取調の命を受けて京師に上り、苦心捜索して有益な資料を得て帰りました。当時国内は開港条約に関し紛議百出し、内憂外患の場合でしたから、小太郎は憂国の余り在京中秘かに池内大学に依つて、青蓮院宮[注2]及三条公[注3]に建議書を呈して「姑息なる和議を排し戦闘の覚悟を以て彼に対せねばならぬ」と痛論しましたが、是は若輩後輩の身で呈書したのが不都合だとゐつて帰藩後一ケ月間謹慎を命ぜられました。滞京四ケ月の間に資料蒐集の傍僧月性[注4]、梁川星巌[注5]、頼三樹三郎[注6]等の志士とも交はりを結びました。万延元年更に息距篇考索を命ぜられて江戸に上りました。息距篇とは切支丹伝来に関する顛末を編纂したものであります。

この年馬廻り組となり、次いで彰考館編集に補せられ職官志編纂の主任となり、文久二年私の嫁しました年之が草稿を脱稿しました。

注1　池内大学　江戸時代後期の儒者。文化十一（一八一四）年十月二十二日生まれ。京都で医を業とし、朝彦親王や公家の侍読となる。尊攘論を主張し、三条実万と水戸藩とを仲介。将軍継嗣問題では一橋慶喜を支持する。安政の大獄で自首し、これを裏切りとみた尊攘派に文久（一八六三）三年一月二十二日暗殺された。名は奉時。号は陶所。

注2　久邇宮朝彦親王　伏見宮邦家親王の第四王子。文政七（一八二四）年一月二十八日生まれ。久邇宮第一代。神宮斎主。青蓮院宮・粟田宮・獅子王院宮・尹宮・中川宮・尊融法親王等の称号がある。本能寺の

僧日慈の門に入り儒仏の書を学ぶ。親王宣下を蒙り、名を成憲、のち尊応と改める。二品に叙せられ、天台座主に補された。明治二十四（一八九一）年十月二十九日没。

注3　三条実万（さんじょうさねつむ）　幕末の公卿。実美の父。号は源空。享和二（一八〇二）年二月十五日生まれ。幼少より学を好み、典礼に通じ和歌や書を能くする。皇太后権太夫、学習院伝奏、内大臣等を歴任する。後に将軍継嗣問題で、島津斉彬や山内容堂等の説に賛し慶喜擁立を援ける。又、日米修好通商条約調印に反対した。安政六（一八五九）年十月六日没。

注4　月性（げっしょう）　文化十四（一八一七）年九月二十七日周防（現在の山口県柳井市）に生まれる。幕末、攘夷論を唱えた浄土真宗妙円寺の僧侶。字は知円。号は清狂。十五歳の時に郷里を出て北九州各地で修行し、京都に上り、江戸を巡遊。吉田松陰や梅田雲浜等と交わる。漢詩をよくし、著書に『仏法護国論』がある。漢詩「将東遊題壁」（男児立志出郷関　学若無成死不還　埋骨豈期墳墓地　人間到処有青山）の作者としても名高い。安政五（一八五八）年五月十一日没。

注5　梁川星巌（やながわせいがん）　寛政元（一七八九）年六月十八日、美濃（現在の岐阜県大垣市）に生まれる。江戸時代後期の漢詩人。十九歳の時に江戸に出て山本北山の奚疑塾に学び、先輩詩人と交わって詩才を認められた。その後各地を遊歴して菅茶山や頼山陽らと詩文を交わし、「文の山陽、詩の星巌」と謳われた。名は孟緯。字は公図。安政五（一八五八）年九月二日に京都で亡くなる。

注6　頼三樹三郎（らいみきさぶろう）　幕末の志士。儒者。文政八（一八二五）年五月二十六日生まれ。京都生。頼山陽の三男。名は醇、字は子春、別号に鴨崖等。後藤松陰、篠崎小竹、佐藤一斎、梁川星巌等に学ぶ。尊攘論を唱え、梁川星巌や梅田雲浜等と国事に奔走。安政の大獄に連座した。安政六（一八五九）年十月七日没。

三、小太郎の思想

元治元年天功没するに及んで家督を相続し百五十石を賜り大番組となり彰考館総裁代役を兼ねましたが、史館総裁の名は小太郎が最終とする様です。この頃から藩内は佐幕党が権柄を擅にし為めに騒擾相次ぎ凄惨な同志討ちを演出したのであります。小太郎大いに之を憂へ、私の実兄桑原力太郎等と秘かに幕府に嘆訴して鎮静回復を企てようとて、慶応二年同志萩野谷富三郎に密書を托して江戸に赴かせたのでしたが萩野谷が途中で捕はれるに及んで密計暴露し力太郎は捕はれる様な事になりました。

小太郎は蘭学を専攻した丈ありまして遉に泰西諸国の事情にも通じてゐましたので[注1]宇内形勢の変遷を察し、時の多数人が徒らに西洋を狄視し暴論を吐くのを見てその謬見を論破し「若し西洋を夷狄とするならば漢土も亦夷狄でなければならぬ。然し例へ夷狄だらうともその長ずる所を採つて我の大を成すに何の不思議あらん」と世上の攘夷論に一歩を進めることになりました。

次いで更に「開国進取の大計を定め以て我国を世界競争場裡に立たしめ、遂には我が国をして世界の京師たらしめねばならぬ」と唱へ出し、機運打開の為めに斡旋奔走を企て慶應二年六月九日脱藩して上洛しましたが、この事攘夷一点張りの守旧党の忌む所となり、慶應二年九月二日京都堀川で三十三歳を一期として刺客の為に命を惰す様になつて了つたのであります。

京師を指して行つた理由は自分の抱いた主義を遂行する為にも、又は当時の藩政の廓清を図る為にも有力要路の方面からせねばならずそれには江戸あたりでそんなことをすれば忽ち奇禍を買う事にもなるので、京師本圀寺詰めとなつてゐた水戸藩士に謀らうとした為でありました。

この時も私の実兄力太郎等と同志でしたが、力太郎は目付役をしてゐたので、脱藩する事が出来ず、小太郎は史館勤めであつたから行動も幾分自由であつたので、渡井良之介、[注2]加藤木畯叟等と共に脱藩上洛したのでした。

注1　宇内形勢の宇内は、天下・世界の意味で、天下の形勢を察しての行動をとった。

注2　加藤木畯叟　文化十二（一八一五）年九月十八日常陸国孫根村（旧岩船村で桂村となり、現在は城里町）の庄屋の家に生まれる。林鶴梁に学び、桜任蔵等と交わり、尊攘思想をいだく。親交のあった松浦武四郎から「蝦夷日誌」を託されて徳川斉昭に献じた。維新後は士族授産に努め、養蚕を奨励した。明治二十六（一八九二）年四月十八日没。通称は賞三。変名は平野正太郎。

四、小太郎の最期

然しその至誠も京都なる一同に徹底せず、さりとて国へは身辺が危険で帰ることも出来なくなり、前に弘道館へ蘭学講師として来聘された前記栗原唯一といふ人が当時京都に在つたので、其処[注1]に三四ケ月滞在してゐた模様でした。京都は前にも小太郎二十四歳の頃一度上つて居た事がありますので、勝手も知つて居り、この度も青蓮院宮様へも上書し、西郷隆盛や僧月性とも交遊があつた様で、其等はあとで発見された遺物でわかつたのです。刺客は今に判明しませんがまあ水戸藩の若侍達で攘夷討幕一天張の考へをした一味が、小太郎を幕府の間者とでも思ひ誤つての事でしたらう。国事の手前決して其等の人を憎む訳はありません。

注1　「京都に行き蘭学者栗原唯一の家に居られたが、禁中御守に京都本圀寺には三百人も居て、当時水戸は市川党政治になつて居て京都には仕送が断たれ険悪な空気の内に国情騒然たる内に激論を闘はして居たのです。そこに先生も大義の為に止めることが出来ず、本圀寺に唯一人乗込んだのです。皆は尊皇攘夷一点張りの処、小太郎は蘭学を勉強して居たので世界の進歩せる事情も判然して居り、改進的な意見を持し

て進で開国をなし国力を培養して皇居を世界の中の中心とせしめる、今の八紘一宇の精神を強調したのです。そこで非常な誤解を受け、時には市川の廻し者かもしれぬとさへ思はれて本圀寺から出て二町位の四角のところに数名の包囲を受け暗殺されたのです」。(『豊田芙雄からの聞き取り記録』)

※『サンデー毎日』(昭和十五年六月九日)「生きている歴史」の中で豊田芙雄は「殺した人間はわかつてゐるのですか」の問いに「多分同藩の吉成恒次郎、大竹利八郎だらうといふことですが、はつきりしたことはわかりません」と答えている。吉成恒次郎一徳の父は、吉成又右衛門信貞、母は青山延于の娘。兄は吉成勇太郎信順(のぶゆき)。小太郎の最後の言葉は、「(心を鬼にしてをれ)といふことばでした。どんな苦しい目にあつても心をシツカリ持つてゐよといふことです」と書いている。

※山川菊栄『幕末の水戸藩』(『山川菊栄全集別巻』昭和五十六(一九八二)年九月　岩波書店)には、「豊田天功は文久三年一月に病死したが、その息子小太郎は水戸に乏しい蘭学者、開国論者として貴重な存在だったが、市川一派の独裁と相いれず、水戸を脱して京都にのがれ、外国の学問の研究に努めていた。彼は本圀寺派の啓蒙に尽くしていたが、慶応二年、たまたま議論が熱した余り、売国奴と罵られてつるし斬りにされたとか、めった斬りにされたとかいう。それを敢えてした下手人は、吉成勇太郎の部下だったとか伝えられたが、事件は責任者不明のまま葬られた」とある。吉成勇太郎信順は山川菊栄の大叔父となる。『日本人名大事典』(新撰大人名辞典　平凡社)によると小太郎は、「開国進取の長計を建て、幹旋奔走中、九月二日夜、堀河通行の際同藩異論者に害せらる」とある。

※安省三『日本幼稚園創立初代保母　豊田芙雄の生涯』(昭和六十三年九月、学校法人栄光学園)には、「小太郎は慶応二年六月九日、開港論に機運するため奔走を計画し水戸藩を脱藩して同志戸田忠則、藤田健等数人と共に京都に上がった。このことは攘夷派からはにくむことであった。九月二日同志栗原唯一氏

等の止めたのもきかず単身で本国寺に詰めている攘夷論にこりかたまっている五百名もの水戸の志士に開国進取を説き尽した。恐らく火花のちる論争が展開されたことと想像できる。帰路夜半本国寺外の堀川西町角に待伏した同藩吉成信定外数名に暗殺された」。本書のあとがきによると昭和三十二年五月頃「芙雄女史の曽孫豊田新彦氏が近くに移住していたので、同氏の協力によって芙雄女史の『茫々たるわが生涯』という鉛筆書きの遺稿をもとに芙雄女史の生き方を発表し」その後加筆、訂正を加えて出版したとある。

※西村晃『豊田芙雄と草創期の幼稚園教育』（平成二十二年三月建帛社）には、「京都大学附属図書館維新資料画像データベースの資料によると、水戸藩郷士某は豊田小太郎殺害の嫌疑で捕縛され、水戸の獄に入れられるが、後に特赦によって許され、明治四年（一九七一）二月、六十二歳で没した、とある」と記されている。

五、形見にかしづく

かたみとしては、当時所持の胴藍一個と刀一口とが届きましたので爾来五十九年間、私は之を夫と思つてかしづいて参つたのです。

昨年二月十一日御贈位の恩典に浴しました時は、亡夫の至誠初めて、天に通じたかとうれしさに思い余つて、かたみの品を捧持して天恩の有難きに咽び泣きました。

弾丸の下に在り

さて元治元年には正月に舅を失ひ夫は国事の為奔走して家に在るのが少いのに、八月には紺屋町[注1]に合戦が起りました。之は藩主慶篤[注2]公御名代として宍戸侯[注3]松平大炊頭が水戸城に向ふのに、武田耕雲斎一党のものが随行したので、当時水戸城に居た市川、朝比奈等佐幕党[注4]が之を拒み、遂に合戦となつたのです。兎に角七軒町[注5]の家は弾丸が飛び込んで危険なので、私らは姑と幼い弟と共に弘道館官舎なる小松崎の許へ避難したのです。十月戦禍も鎮まつたので再び七軒町の家に帰りましたが、十一月二十三日には、姑が五十七才で亡くなりました。今の腸チブスの様な病気でした。それは姑の実家なる大門[注6]の黒羽清太郎（姑の甥）が大発勢[注7]に加はつてゐましたが病気に罹り、弘道館なる私の仮住居に来て病を養つたのです。黒羽清太郎はしばらく静養して大門に帰つて行きましたが、それが腸チブスであつたらしく、母が看護の結果感染して発病したのです。それも弘道館に居る中に余程快くなり七軒町に帰つた程ですのに昔の事ですから摂生法も明かでなく、養生と言へば食べることだとして食べた為に再発して亡くなつたのです。然し私らの不幸は之に止まりません。夫の弟で小松崎平八郎の養子となり弘道館に勤めてゐた司馬四郎が同じく十一月に亡くなつたのです。之はハシカのこじれでした。斯く当時はいくさ騒ぎの為に碌々療治も出来ず、惜しい命を惰した人がいくらあつたか知れません。それに比べて当代の有り難さはどうでせう。

注1　紺屋町の西側は、吉田神社の台地の下に藤柄町がある。北側は、備前堀に臨んでおり、消魂橋がある。七軒町から南側の消魂橋を渡ると紺屋町で、この橋で旅立つものと家族等が別れを惜しんでこの名前が付いたと言われる。七軒町は、現在の本町一丁目であり、本文の「豊田家に嫁す」を参照。

注2　徳川慶篤　天保三（一八三二）年六月三日生まれ。水戸藩第十代藩主。諡号は順公。最後の将軍・徳川慶喜と同母で兄になる。明治元（一八六八）年四月五日没。

注3　松平頼徳　常陸宍戸藩の第九代藩主。天保二（一八三一）年四月三日生まれ。第八代藩主松平頼位の長男。大炊頭。元治元（一八六四）年八月四日、幕府の命により水戸藩主の名代として藩内騒乱の平定に出発。しかし、水戸城の入城に失敗した上、頼徳にも天狗党に同情的な部分があったため、不本意なが

ら市川党と那珂湊ほかで交戦してしまい、幕府追討軍総括田沼意尊より責任を追及される。頼徳は田沼にその経緯の実情を訴え嘆願しようとしたが、その機会は与えられず、「賊魁」という汚名を着せられた。同年十月五日に頼徳は水戸藩の支族松平万次郎邸にて切腹させられた。享年三十四歳。家臣の多くも処刑され、父の頼位もこれに連座、官位を剥奪され、羽前新庄藩預りの身となった。常陸宍戸藩は改易され、江戸藩邸も幕府没収となった。頼徳の墓所は茨城県常陸太田市の瑞龍山。辞世の句は次のようにある。

思ひきや　野田の案山子の　竹の弓　引きも放たで　朽ち果てんとは

注4　佐幕党（さばくとう）は、水戸藩の保守・門閥派。幕末に家老市川三左衛門らを中心に、藩内で改革派・天狗党と激しい抗争を繰り広げた。諸生派とも。当時水戸城三ノ丸にあった藩校、弘道館の諸生（書生）が多かったためこの名がある。

注5　七軒町から南側の消魂橋を渡ると紺屋町であった。七軒町は、現在の本町一丁目で本文の「豊田家に嫁す」参照。

注6　大門（おおかど）は、久慈郡大門村。天保十三年に大門村は、上下に分村し（現在も上大門町と下大門町に分かれている）、明治二十二年に誉田村となり、現在は常陸太田市上大門町。

※『豊田天功・香窓・芙雄物語』（平成二十六年三月三日　豊田天功・香窓・芙雄顕彰会）によると、天功は、「天保三（一八三二）年　久慈郡大門村、黒羽資満の次女・万と結婚する」とある。天功の母も同じ黒羽氏から嫁いでいる。『豊田芙雄からの聞き取り記録』にも「黒羽と豊田とは重縁関係にあります」と書いている。

注7　「大発勢（だいはつぜい）」とは、大勢という意味。江戸藩邸の主導権をにぎった尊攘派鎮派は、藩主徳川慶篤にせまって藩内抗争を武力で収束することになり、支藩宍戸藩主松平頼徳を将とする部隊が水戸に向かった。

これを大発勢という。

平治の乱の再現

殊に哀れ深いのは私の叔母幾子（母の末妹で武田彦右衛門に嫁した人）です。御承知の通り武田彦右衛門は父耕雲斎が大発勢の首領であつた為、捕へられ反対党の為に刑死されたのですが、当時幾子叔母も耕雲斎の妻や子供達と一所に捕らへられ、妻や子供は牢中で残虐な刑に処せられました。幾子は他姓であるからと命は許される筈でしたが、目の前に姑や弟妹の殺されるを見て居られずとて、断食して牢死して了つたのです。当時の水戸藩は全く保元[注1]平治[注2]の乱その儘で、眼前に親子の殺されるのを見せられたのです。聞いてさへ実に身の毛のよだつ話ではありませんか。私も夫が国事に奔走してゐるのですから、何時そんな運命になるか知れずと怖れ又覚悟しつゝ、月日を送つてゐたのでした。

注1　保元の乱　平安時代末期に起った二つの争乱。保元の乱は、藤原忠通、頼長兄弟の争いが崇徳上皇、後白河天皇兄弟の対立と結びつき、保元元（一一五六）年七月鳥羽法皇の死を機に勃発した戦い。上皇側は敗れ、崇徳上皇は讃岐に配流、頼長は敗死し、天皇側を勝利に導いた源義朝、平清盛らの武士が政界に進出することとなった。

注2　平治の乱　平治元（一一五九）年、京都に起こった内乱。保元の乱後、藤原通憲と結んで勢力を伸ばした平清盛を打倒しようとして、源義朝が藤原信頼と結んで挙兵したもの。結局、義朝・信頼は殺され、平氏政権が出現した。

続く一家の不幸

さういふ騒ぎの翌々年慶應二年には前に申した様に夫は国事の為藩の事情を京都なる水戸藩士に伝へ、また画策する所あらうとして、六月九日京都をさして上つたのです。さうして前に申した様に九月二日に害に遇つたのですが、当時私の家族や親戚は之を私にかくしてゐたのです。然し上洛したきり幾月経つても音信も無いので、私は当時の時勢上もう大概の察しもつき、覚悟したのです。

当時は豊田一家は七軒町から、上市裡[注1]五軒町に移つてゐたのです。今の自動車の車庫のあるあたりでしたらう、夫の生死も私には明らかで無い中にその年十二月には夫の弟[注2]で常に夫の片腕となつて来た朋来が亡くなりました。翌年三月には夫の末弟伴之助がまた亡くなりました。此処で豊田家は私一人となつたのです。この続けざまの不幸に私は泣くに涙も出ない程でした。

女一人でどうにもなりませんからその年五軒町[注3]今の幼稚園辺の桑原家邸内に移り住むこと丶なり、前に申した夫の弟で小松崎を冒した司馬四郎の遺子伴を引取り養つて私の養子としました、小松崎へは吉田令世の子で又蔵の弟なる八五郎といふのが養子となつて嗣ぐこと丶なりました。

注1　上市裡五軒町は、現在の水戸市芸術館辺り。
注2　弟等については、巻末の略系譜を参照。
注3　五軒町は、現在の五軒町一丁目辺り。

待つ人は帰らず

斯くて私は慶應三年から明治初年にかけ、孤独の寂しさと乱世の怖ろしさにあるかなきかの思ひで暮しましたが斯くてあるべきにもあらず。殊に夫小太郎報国の念燃ゆるが如きも中途[注1]にして斃れたので私は女ながらも、之を紹がねばならじと、実家の父より受けた四書五経[注2]や、和書を繰返し、桑原家に同居してからは実兄力太郎にも就いてひたすら勉学致しました。明治元年王政古に復し海内一統の政となり生死不明だつた人達も追々判然し帰り来る中に夫小太郎は遂に来りません。それも道理家人が私に隠して私は知りませんでしたが、夫は前に申した通り既に刺客の手に斃れてゐたのでした。

注1 「小太郎の暗殺された事は誰も教へてくれなかつた。藤田のものも桑原のものも教えなかった。それは私が気を落として大事でもするといけぬと心配しての事だつたでせう。其の内に京都とこつちの方を行来する蒟蒻屋の話を柳瀬やそ太郎（祖母の従兄）から聞いて知りました。小太郎の害死他弟達も皆亡くなつた」「小太郎は大正十三年二月従五位を贈らる。其の時は生家桑原家に在つたが毎日泣いて許り居て、一時はいつそ死んでしまはうかとまで覚悟をしました。この決心が家の者にも分かつたか桑原家でも警戒したとの事であつた。然しいつまでも悲しんで居ても仕方がないと考え直し学問に専念して心を晴さなねばならぬと決心し、当時刊行された福沢諭吉の『学問のすゝめ』を読んで気を引き立てられ学問に精進するやうになりました。当時栗田三郎（寛）の母が読書好きで蔵書も多かつたので『源氏物語』『湖月抄』を借り受けて読んだが、始めの程は内容が皆自分の悲嘆と結びついて仕方がなかつたが、又思ひ直して読むにつれ、次第に興味を感じ終には慰められる程になりました。姉の慰めの言葉も心を動かすだけの力はなかつたが、この『湖月抄』によつて心機一転することが出来ました」。（『豊田芙雄からの聞き取り記録』）

注2 四書五経　四書五経とは儒教の教典で重要な九種の書物のことで、四書は、『大学』『中庸』『論語』『孟子』。五経は、『詩経』『書経』『礼記』『易経』『春秋』のことである。

※茨城県立歴史館の高橋清賀子家文書の中に、豊田芙雄の夫小太郎を追悼する記録が残されていることは、ご存知の方も多いと思われる。この手記は、立てが三十センチで長さは二メートル十四センチもある

大変に長いもので、豊田芙雄の夫小太郎への熱い思いと追悼の心と強い決意が表れている。

夫小太郎の生き方や考え方について、「背の君はひとすじに誠の道を人にふましめて平らけき世になさばやとの真心におはし給ふなれば」と書き、「さばかり歎き奉るにもなんあらぬ」と現実をしっかり受け止めて生きていかなければならないと自身に言い聞かせている。

たふれらか　為ことわざは　さもあらばあれ　天かげりても　君守りませ
背の君の　やすかれとのみ　我たまの　あらん限りは　祈りしものを

「天かげりても」は比喩表現。「君守りませ」に決意が窺われ、「我たまの　あらん限りは」にも熱い思いが伝わる。尊皇開国主義を貫き、新しい国を造ろうとした夫小太郎が道半ばで命を落としたことに対しての深い思いやりと、夫の遺志を継ごうという決意がみて取れる。

本文は、夫小太郎の死後約一年後に書かれた追悼であり、弔詞ともいえるものである。構成としては、始めに序文があり、これは通常の文章で書かれており、次に長歌があり、その後に短歌が九首掲げられている。

本文は、変体仮名表記で前半及び後半の一部は、通し文で書かれているが、前半は散文体とし、後半の一部は、長歌体として表記した。翻刻にあたり、現用字体（現用仮名）とし、句読点を入れている。また漢字には、適宜振り仮名を施した。高橋清賀子家の文書の中には、過去に本文を解読した原稿も二部（一部には、小太郎先生悼文　元茨城県立図書館長　景山秋穂　註とあり、もう一部は、無記名で、夫豊田小太郎先生を追悼せる書とある）保管されているので、こちらの資料も参照させていただいた。

いぬる元治のはしめ申子のとし頃よりして、公けの政片糸の乱りかはしくなりもて行しに、上中下の人々罪あるも、はた罪なきも、腹黒のために、あるは死せられ、あるは一夜につながれ、つみ蒙ぶり、いとあさましさ、いはんかたなし。かく乱りかはしく成行まに〱かけまくも、かしこき中納言の君はしも、久雲のやふしもわかず籠り給ふべきよし。

おほきのおとゞよりおほせこと蒙らせ給ひぬれば、ひとかたに雨雲のはれ、すのみわたらせ玉ひ。まめなる輩らは、常世行やみじたどれるばかりになむ。

背の君おもへらく。臣としていかでかく国の乱れたるを見てやは、すぎじとて、これかれ心得たらん人々と、ものし給ふより、去年の水無月九日といへるに俄になん忍び出たまひぬ。家居にはふたりのいろと我身もろとも捨られまいらせしか。

背の君はひとすじに誠の道を人にふましめて平らけき世になさばやとの真心におはし給ふなれば、さばかり嘆き奉るにもなんあらぬ。しかはあれど、あはただしきことなれば、えあかすのみして筑波根のこのもかの面と立別れ奉てよりは心ならずも大路行小車のまた返りあひ奉る折も、いつしかあらばやと、あるはなきかその君の雄々しきいさをしをも、ふき伝へ、うみの子のいや絶々にならんことを、千早ふる神にちかひものし伝るほどに、こぞの秋はじめばかりにや、ほのかに君はしも、あまざかるひなの長路に草枕、結びかへつ、今はしも、九重の都の空になんとどまりゐ玉ふよし伝にのみうち聞き侍りしか。日をへても天つ飛ぶ雁金の一むらだに、えかけせさりければ、かにかくにこころくるしうなんおぼえ奉れと。かれ弓箭の家に生れて、かばかり心よはきことやとおもひかし、かろうじてすぎぬるに、師走ばかりになりぬれば、輝ぬし俄にやまひにおかされたれこめてのみ侍りしか。遂に十日まり二日といへるになんみまかり侍りぬ。これをや悲しとも、いと悲しき限りにおもへるに、またもやことしの春は、達ぬしひさしう。いたつきにふして弥生のつひたちといへるに、遂にうせ侍りぬ。なぞもかくふたりまて世をうしといにけん末の露もとの雫とはおもへども、今はかひなき我身。ひとりさま〳〵歎かはしき事のみ侍るにつけ、旅なる君が行衛いかにぞと、せきおもへども、千重の海山へだてし物から、つばらにさへもしり奉らで侍るほどに、そことはしらぬ風のとに　君はしも去年の長月はつかまり七日といへるに、いとあさましきまがことにあひ給ひて、はかなくもなんならせ給ふよし、うけ給り侍りぬ。こはいかに夢とやいはん現とやせん。しかはあれどしるしとせん一ひらもえあらざりければ、さりともとたのみまゐらせしか。
日をふるまに〳〵世の聞えのこと、たがふべくもなんあらず。今はとていかにかはせん中に、何といはましや、去年の秋かくとしも、そは露おもひきや。神ならぬ身をいかがせん。月日は空に巡り来て去年のけふにもなんなりぬれば、いとせめておのがおもひのまゝなるふし、聊（いささ）か聞こえまつらんと袂の露打はらひつゝ静の小手巻（おだまき）繰返し、巻返せしもおろかなる短かき筆にはえつきせず。さればいと乱りかはしきをもえ、かへりみ侍らす。つゞりまゐらせて亡き御霊に奉る。そが長歌短歌。

現身（うつしみ）の　世に生まれては　うきことの　しげきものとは　しりつゝも　鬼のしこくさ　生しけり　道もなきまで　荒にしを　我背の君は　なげかれて　八重鎌（やえがま）の　とかまを持ちて　かりはらひ　誠の道を人皆に　いざふまとめて　君が代を　常磐堅磐（ときわかきわ）に　守らんと、おもほしめして　打日さす　都の空ゆ草枕　旅ねをしつゝ　こぞの秋　よを長月の　名にもにず　木々の梢に　先立ちて　紅葉しいぬと　吹風の　音信（おとづれ）来にし　こはいかに　夢か現か　玉ほこの　道だにしらば　おほゝしく　いきもとはましを　遠近の　たときしらねは　すべをなみ　ふしてはまろび　起きゐては　なげきこりつみ　おほ舟の　おもひたのみし　君はしも　かくとはいめに　しら露の　おきゐにまねく　はたすゝき　うらかな

しくも　古郷に　君待わびて　玉笹の　一夜もやすに　いふ寝せず　いほ寝ざりしな　よしえやし　帰りますてふ　帰る山　ありとし聞けば　朝に暮に　かけていのりし　ゆふたすき　今はそのひも　なきたまに　向け奉りつゝ　かくてしも　忍ぶべしとは　おもひきや　ちゝにくだける　ちゝの実の　父の尊（みこと）の　皇国史（こうこくし）　考かひさだむ　いさをしも　継がぬのみかは　家の風　ふき絶えにける　悲しさをおもひ出せば　みこゝろは　いかにばかりと　はかられて　瀧つ瀬のごと　血の涙　ながるもしらぬ久方の　天つみ空ゆ　渡る日の　影もかくろひ　照月の　光りも見えず　常世行く　暗にさ迷ひ　我はしも　をの子なりせば　剣太刀（つるぎたち）　腰にとりはき　たふれらか　首へしゞぬき　み心を　やすめんものと　くろ髪の　いや逆立つ　おもへども　いかにしてまし　なまよみの　甲斐なきおのが　静手巻五百（いお）ぢ　もゝぢに繰返し　くりかへしても　かへり来ぬ　今の現に　ながらへて　何をよすがに　何しかも　憂め見るべく　何しかも　憂身（うきみ）何せん　いるしゝの　ゆきも死なんと　たくなはの　おもひ乱るゝ　夕（ゆうべ）しも　あねはの松の　常とはに　音信れまして　ながたまの　縄もはてなき　鞆（とも）かくる　伴の姓つな　引はえん　人しもあらし　かくてしは　汝がつみならん　今ゆおち　我が背の君が　み心を　しぬびまつりて　大丈夫（ますらお）の　さげはく太刀の　つかの間も　身をはふらさで　なぐはしく　ちゝの数々　異邦（いほう）の　ためしも引て　いたふるに　いまし給ひし　言の葉に　もたしもかねて　よしさらば石にもたちし　ことさへも　有りとし聞けば　いかさまに　をゝなりせど　弓弦なす　たゞ一すじにおもひゐる　うは矢のかぶら　肝（くれ）むかふ　心のまゝに　仇が身に　いつか負へべき　今ゆをち　たときもしらぬ　むら肝の　こゝちしぬびて　いそしくも　をゝしき心　ふり起し　仇もろともに　何しかも　天つ日月の　み影おがめや

短歌

旰（くれ）むかふ心のたゝちふり起したふれのをの子いつかほふらん
たふれらか為ことわざはさもあらばあれ天かげりても君守りませ
君が代を常磐（とき）堅磐（わかきわ）とおもふより遂に我せぞかゝるまがこと
君をおもふ我背の君がまごころをなどしも神は守りなかりき
我背子が常の言の葉忍びてもかゝる憂（うき）めになど逢にけん
背の君のやすかれとのみ我たまのあらん限りは祈りしものを
去年の夏別れし時の言の葉ぞ今はかひなき形見とはなる
はらからにをくれしこともつばらかに聞えあげんと待にしものを
繰返しいくたび袖をしぼるらんかへらぬ君のみかげしぬびて

慶応みつのとし秋の長月はつかまり
なぬかといへるに悲しみのあまりかくなん。

冬子

剣を懐（ふところ）に通学

私は明治元年の末頃から向井町片町[注1]の川崎巌（いわお）といふ人の家塾（かじゅく）に通ひ漢籍（かんせき）を学びましたが、当時未（いま）だ乱世の余燼（よじん）さめぬ折でしたから、私は毎夜懐剣[注2]を帯にたはさみ、提灯（ちょうちん）はわざと持たずに、通つたのでした、これが前後三年も続きました。無論（むろん）当時は再婚を勧める者が数多（あまた）ありましたが、私は女子の本分はそんなことには無いと思ひまして始めから悉くを拒はりしました。その中に御維新の[注3]政となり版籍奉還となり、武士世襲の家禄は一様平等に十石五百八十円の奉還金となり、ひたすら士魂を磨いた身はあすから口を糊する生計を営まねばならなくなつたのです。その目まぐるしい程の変化、その為の心的辛労物質的苦痛は到底現時の若い方々にはお解りになりますまい。その間にか弱い寡婦としての私の苦痛は皆様の御察しにお任せ致します。めまぐるしい変化混乱の後に聖世のお恵みが次第に宇内に及びまして世は静謐昇平に立ち戻り、宛もトンネルの暗を出た様な感がしました。

注1　向井町片町は、現在の栄町。旧栄町一丁目。

注2　懐剣について、宮本美明は「日本幼稚園の最高恩人　豊田芙雄先生の思出」（『保育』三月号　昭和十七年三月十五日）の中で「明治元年頃毎夜川崎巌の漢学塾に通ふとき懐剣を懐に秘めて身を守られたと。臨終の枕頭にこの懐剣が守刀として飾られてあつた。二十二歳以来未亡人として貞節の亀鑑を世に示されたのも故あるかなとうなづかれる。私は先生の没後その懐剣を拝見したが、刀身は刀工水戸近則の名作、鞘は青蝶貝を漆仕上げにした高雅なもので錦の嚢に納めてあつた。この懐剣は夫君小太郎氏の京都で暗殺された時佩用した太刀と共に豊田家にとって長く家宝とし伝へらるべきものであらう」と書かれている。近則は美濃（現在の岐阜県の南部）の出身。関善定家の末で坂東太郎卜伝の五代勘三郎の養子となり、銘を近則と改め、水戸住藤原近則造之、関善定家近則作、武蔵守吉門孫近則等と銘刻した。水戸に住み水戸藩士となっている。

注3　御維新の政　大政奉還と廃藩置県を「御一新」とも呼ばれていた。新政府による政治。

発桜女学校

明治三年漸く世が鎮まつたので、私は近所の子女を集め、之に和書や漢学の初学を教へました。これが三年を経て生徒も二三十名に達した頃、丁度没収された元の豊田の屋敷に発桜女学校[注1]と言ふのが出来、私に教師になつて呉れとの事でありましたので、私は、家塾を閉ぢ、生徒はその儘連れて学校に入れ、教授する事になりました。

この学校は女学校として全国最古のものでありましたが。私が東京に去ると間もなく、男子と合併して小学校となつて了つたので惜いことでした。あの儘女学校として成長させれば他県から「水戸は女学校の設立が遅い」抔の評を受けずに済んだのでしたらう。

明治七年になつて始めて根本正[注2]、立川弘毅（共に小太郎の旧門生）の二人に依嘱し、二人は京都堀川へ赴いて夫小太郎遭難当時を知れる土地の人から、その骸を仮に葬つた所を教へられ、之を本圀寺の墓地に改葬しました。

注1　発桜女学校は、現在の水戸市立五軒小学校。校名は、藤田東湖の「生気の歌」の「発いては万朶の桜となり」からの命名である。

注2　根本正　嘉永四（一八五一）年十月七日、現在の那珂市東木倉に生まれる。明治・大正時代の衆議院議員。帝国教育会東京府会員、殖民協会幹事などを歴任し一八九八（明治三十一）年、第五回総選挙以降連続当選十回。未成年者喫煙禁止法や未成年者飲酒禁止法を提唱し成立させた。昭和八（一九三三）年一月五日没。

※根本正は、水郡線の敷設や未成年者の喫煙・飲酒禁止法を制定したことで知られているが、十三歳の頃水戸に出て親族の豊田天功家の家僕となった。天功が亡くなると、後をついだ小太郎に仕え、小太郎の妻

の勉強熱心であることも承知していた。根本は、その後上京して後にお茶の水女子師範学校の校長となる中村正直の私塾「同人社」で学んでいる。これらのことから根本・中村・豊田芙雄との関わりが考えられよう。根本の海外に目を向ける考えや不屈の精神は、豊田家時代に培われたものであろう。「踏まれても根強く忍べ　道芝の　やがて花咲く　春をこそ待て」と謳っている。

※豊田芙雄が東京女子高等師範学校の教師となり、水戸から上京するにあたっては、次のような貴重な資料が残されているので、翻刻し紹介したい。

こたび東京女子師範校の
めしによりて京へまひのぼるとて
発桜女学校の生徒に諭す

勉めよや隙行こまのあしはやみ
ふたゝひとたに来へき今日かな

同じく京へ出立折女生徒（矢板）
西村　加藤木子をはしめ其外十
名余り名残りを惜しみて
長岡の駅路迄馬のはな
むけし侍るにかぎりなき

の情はてしなけれと限りある時なれは別れ
に臨みての言葉無きを得す
残しおくたゝ一言は朝な夕な
こゝろにとめて勉めよや君
とばかりに学事に勤め侍れと
又さらにひたすら婦徳を修
め文質彬々たる女君子に
成立したまふを希しての
老婆心に有のみ

干時明治八年十一月の二十三日

豊田芙雄

本文の「隙行こま」は、「ひまゆくこま」と読む。こまは駒であり馬のことである。「時の過ぎ行くのは早い」ことのたとえであり、出典は、『荘子』の「知北遊」である。『太平記』「俊基（としのり）朝臣再び関東下向の事」に「隙行く駒の足早み、日すでに亭午（ていご）に昇れば、餉（かれひ）参（まゐ）らするほどとて、輿を庭前（ていぜん）に舁き止む」の使用例もある。

「来へき」の「べき」は助動詞の当然の意で、終止形接続であるので「くべき」と読む。「今日という日は、二度とは来ない」の意。「長岡の駅路」は、現在の東茨城郡茨城町長岡で、水戸に一番近い宿場である。当時水戸での送り迎えは長岡宿まであったようである。「学事に勤め侍れと又さらにひたすら婦徳を修め文質彬々たる女君子」のフレーズに豊田芙雄の教育理念がある。学問も大切ではあるけれど、人間性も大切であるよとの教えで、「文質彬々」の出典は『論語』の「雍也」であり、「文」は表面の美しさ。洗練された教養や美しい態度、容貌などの外見を表し、「質」は内実、実質で飾らない本性を表している。外面の美しさと内面の質朴さ、洗練された教養や態度と飾り気のない本性がよく調和していることで、「彬彬」は程良くつり合っていることである。豊田芙雄のこれらの教えは生涯にわたって一貫性があった。干時は、「ときに」と読む。本資料は、茨城県立歴史館の高橋清賀子家文書（豊田芙雄関係文書）

お茶の水時代

明治八年東京女子師範学校が設立される教師に聘せられ、私は発桜女学校の方は久貝みえといふ方に譲つて十一月に東京に赴きました。開校式には当時の皇后陛下も行啓になり親く拝謁致しました。

当時の教諭の中に宮川保全といふ方が数学を教へたのでしたが、教師も算数の知識が必要だといふので男女教員とも授業の余暇にこの人から数学を教はりました。私など数字の書方から習ふ騒ぎです。棚橋さんは当時珠算を知つてゐて大威張りでした。

先生が習ふなんて今から見ればをかしいが、何もかも創業時代の事ですから変つた事のみ多いのです。中でも殊に滑稽なのは和歌山から来た女の先生の方などは読書教員といふ辞令を貰つたのでしたが、こんな中に遂に全然の生徒になつて了つて教師をやめた抔の事があります。私も一家の主として伴を養育する努めがないならば生徒となつて専心勉強したでせう。それ程変つた苦々しい空気が漲つてゐたのです。

私は漢学と歴史、地理を受持つたのですが教科書はなく、種々な古典を用ひました。初年の頃皇后陛下が行啓になつて御前教授の時に私は豪求[注1]を教授したのを記憶してゐますから、そんなものを用ひたらしいのです。先哲叢談[注2]抔(など)も用ひました、又一般読書の方では輿地誌略[注3]を教授しましたが、教へる私が教へつゝ、自らも世界の広きに驚異の目を見張りつゝ知見を広めると言つた具合です。

当時の教師仲間で記憶にある人は前の棚橋、宮川の外に三春(みはる)の人で浅岡一(はじめ)といふ方がありました。習字を教授した人に坪内墨僊(ぼくぜん)といふ方がありました、漢学を教へた人に松本荻江(おぎえ)、植村花亭(かてい)といふ二人もあり、武村ちさ[注4]といふ人は絵と英語を受持つてゐました。これらの人達は棚橋さんを除く外は大抵物故したと見え、今度の五十年祝典にも見えませんでした。

注1　『蒙求(もうきゅう)』　伝統的な中国の初学者向け教科書である。日本でも平安時代以来長期にわたって使用された。日本で広く知られている「蛍雪の功」や「漱石枕流」などの故事はいずれも「蒙求」に見える。

注2　『先哲叢談(せんてつそうだん)』　江戸時代初期から中期までの儒学者を対象とした漢文による伝記集。正編は原念斎著、文化十三（一八一六）年刊。後に東条琴台により『後編』『続編』が纏められた。

注3　『輿地誌略(よちしりゃく)　抄解全(しょうかいぜん)』　世界地誌・地理の教科書で、明治八年文部省検定済み。

注4　武村千佐子(たけむらちさこ)　嘉永五（一八五二）年一月、現在の港区芝に生まれる。号は、耕靄(こうあい)。明治・大正期の日本画家、教育者。女子高等師範学校教授。没年は大正四（一八一五）年六月六日。横浜の共立女学校を卒業後、工部省の通訳・絵画助教などを経て明治九年に東京女子師範学校教諭となり、英語や絵画を教えた。フェノロサや狩野芳崖の画論に影響を受けて制作に邁進し、二十九年の第一回日本絵画協会絵画共進会に「晃山戦場原秋草図」を出品し、一等褒状を受賞。日本南宗画会では幹事を務めた。自作の絵を用いた図画教科書を作成するなど、草創期の図画教育に重要な役割を果たした。豊田芙雄詠「家鳩」遊戯図「幼稚鳩巣戯劇之図」の作者。晩年は鎌倉に住んだ。

※山川菊栄『女二代の記』（『山川菊栄全集第九巻』昭和五十六（一九八二）年二月　岩波書店）には、芙

雄について「小石川御殿のお長屋で育ち、同じお長屋に住む先生の所に通って史記や漢書を習ったそうでした。晩年の芙雄さんは私にお茶の水の昔話をして、『私も先生をやめて生徒になりたかったのですがね。家庭の事情が許さないのでやむをえず先生をしていましたよ、できないのにね』と無邪気な高笑いをしましたが、こんなふうにこの人は至ってあけっ放しの、さらっとした性格でいやみがなく、わからないことは正直にわからないといい、『ほかの先生にうかがって見て』と正直にいって、次の機会にそれを報告するので生徒に好かれたそうです」と書かれている。豊田芙雄の晩年、山川菊栄は、母の青山千世と共に水戸の芙雄宅を訪ねている。

※姉立の送別歌

こたひとよた冬子君、東の
京なる女子師範校より
それの任にえらばれ、とほらん
とするを送るとてよめる。

真青

位山のほるたひ路になかりせは
ともにと我もいはましものを

人をして教えのおやとふさしめん
そのおやなれやた丶なしぬ哉

空蝉のもぬけし人と教子を
ひとになせばや人になせ君

別れてはいつあふことも
　志られねは
おとづれのみを
　たのまる丶かな

姉立の筆跡は、力強いものがあり、学業人物共に優秀であったと伝えられている。「位山」の位は、官職の地位で、位が高く上がるのを山に例えていう語である。本資料は、茨城県立歴史館の高橋清賀子家文書（豊田芙雄関係文書）。

※安井てつ「豊田芙雄先生の思ひ出」

豊田芙雄先生の思ひ出

安井てつ

豊田先生に初めて教へて頂きましたのは、私がお茶の水の東京女子師範学校予科に入学直後で、たしか明治十四年九月以降であつたかと思ひます。年齢も僅かに十二歳で入学したばかりであつたので、其当時の記憶はぼんやりして居ることを残念に思ひます。たしか国語と作文とを一ヶ年位教へて頂いたと記えて居ります。併しどんな本を教て頂いたかは全然記憶に居りません。藤田東湖先生の御令姪とうかゞつて居りましたのと、御姿勢の実に御立派な謹厳な先生でいらつしやるので、少女時代の私は深く尊敬申上げて居りました。其後先生は本校と幼稚園とに御関係になられました為か、私は親しく先生の御指導を頂く機会に接しませんでした。ところが昭和八年と思ひますが、水戸の県立高等女学校の御招きを受けて、生徒の方々に講演を致しました節に、実に久しぶりで御目に懸ることが出来、非常に嬉しく存じました。相変らず御立派な御姿勢で、おやさしい中にも自然犯し難い威厳をお備へ遊ばして居られる御姿を拝し、少女時代の事などを思ひ出しおなつかしく存じました。

其後昭和十四年の四月水戸に用事で参りました節、御機嫌うかがひにあがり、僅かな時間では御座いましたが、御近況などうかゞひ、おやさしい御言葉など頂きましたのが最後となりました。

水戸には女学校時代の友人山上りう子氏が在住され、折々先生を御訪問申上げて、其御様子を私共東京の級友に通知して下さいましたので、御近況に就いて比較的度々うかゞふ事が出来喜んで居りました。もはや此の世に於ける拝顔は不可能となりましたが、いつか御墓参の折を得度いものと希つて居ります。

本資料は、茨城県立歴史館寄託の高橋清賀子家文書（豊田芙雄関係文書）資料名は、「豊田芙雄伝、その他」から翻刻させていただきました。

安井てつについての参考文献には、青山なお著『安井てつ伝』（昭和二十四年六月十五日　東京女子大学同窓会　後の平成二年四月二十二日　大空社から伝記叢書八十一として復刻された）『安井てつ先生追想録』（昭和四十一年八月二十日　安井てつ先生記念出版刊行会）『若き日のあと』（昭和四十年十一月二十日　安井先生没後二十年記念出版刊行会）『樋口一葉来簡集』等がある。

安井てつは、明治三（一八七〇）年二月二十三日、東京府駒込曙町の旧下総古河藩の邸内に生まれた。東京女子高等師範学校を卒業後、イギリスに留学、帰国して母校の教授となる。留学中にキリスト教に接し、帰国後海老名弾正より受洗した。明治三十七（一九〇四）年、シャム国政府に招かれ、バンコック府皇后女学校に三年間奉職した。大正七年に東京女子大学が創立され、学監に就任。同十二年、初代学長新渡戸稲造の後任者として学長に専任され、七十一歳まで勤めた。昭和十六年には、東洋英和女学校の顧問となり、同十八年には、校長職に就いた。又、婦人総合雑誌『新女界』の創刊とともに主筆となり、婦人、教育問題などを論じた。昭和二十年十二月二日に亡くなった。享年七十五歳であった。

封筒に「水戸市田見小路六七四　豊田健彦様　原稿」とあり、差出人は「東京都杉並区井荻三ノ三十九　安井てつ」とある。昭和十七年三月から四月頃と推測される。

本文は、豊田芙雄伝記作成用資料の中の一部であるが、他に昭和十七年三月五日付の松田敏や三月九日付の下田多津等の回想文がある。

安井てつが東京在住の級友たちに声掛けをして豊田芙雄についての回想文を集めていたことが窺える。健彦は、祖母の「豊田芙雄追悼集要項案」を作成しており、関わりのあった方々に回想文等を依頼したものであった。

他にも安井てつから豊田健彦宛ての葉書や文書等も残されているが、結局は刊行されなかった。

安井てつの水戸高等女学校での講演については、『水戸二高百年史』（平成十二年九月三十日　茨城県立水戸第二高等学校百年史編纂委員会）によると、昭和八年十月二十三日に講堂で行われており、「東京女子大学長　安田（ママ）哲子」とあるが、講師名については誤りである。この時の演題は、「少女である皆様はこの非常時を如何考えていますか」であった。

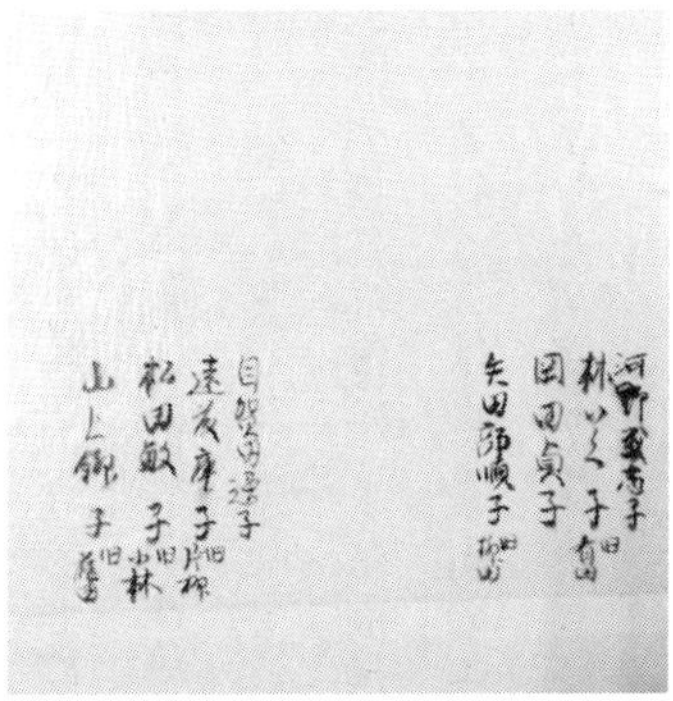

河野幾志子（きしこ）
林いく子　旧　有田
岡田貞子
矢田部順子　旧　柳田
目賀田逸子
遠藤康子　旧　片根
松田敏子　旧　小林
山上鉚子　旧　藤田

写真は、昭和九（一九三四）年六月十二日、茨城県東茨城郡大洗町の旅館魚来庵で東京女子高等師範学校の教え子たち等と宿泊した時の記念撮影である。この時の様子について、松田敏の健彦宛ての手紙には、「昔生徒にておはし、君たちと大洗にあそびて　老いが身も若かへりたる心地しぬむかし語りに花を咲かせて」と豊田芙雄制作の歌を紹介している。目賀田逸子は、勝海舟の三女で、夫の目賀田種太郎は、政治家で専修大学や東京藝術大学の創設者のひとりである。

写真は、茨城県立歴史館寄託の高橋清賀子家文書（豊田芙雄関係文書）から転載させていただいた。

鹿児島の思出

明治十年の四月六日には私の実兄で杖（つえ）とも柱（はしら）とも頼んで居た力太郎が陸軍中佐として西南役[注1]に戦死し

私は一層困る事になりました。

明治十二年二月から十三年七月迄一ケ年半許(ばか)り文部省の命で鹿児島[注2]に出向し、幼稚園の創設に際しその輪廓(りんかく)を整(ととの)へて帰り、もとの如(ごと)く女子師範学校に務めました。

鹿児島にある間は兄[注3]の戦死した跡を弔(とぶら)ひなどして感慨無量でした。

この東京女子師範学校は後に東京女子高等師範学校となり東京高等女学校が併設され、私もその方も兼(けん)任(にん)となりました、その中に明治十八年五月東京高等女学校が上野に分離するに及んで、私はその方の教諭専任となりました。

注1　西南戦争(せいなんせんそう)または西南(せいなん)の役(えき)　明治十（一八七七）年に現在の熊本県・宮崎県・大分県・鹿児島県において西郷隆盛を盟主にして起こった士族による武力反乱である。明治初期の一連の士族反乱のうち最大規模で、二〇一七年現在日本最後の内戦である。

注2　伊藤忠好（広島文理科大学教育学）は、『保育』（昭和十五年八月）掲載の「日本幼稚園の黎明……豊田芙雄子女史の生涯」の中で、豊田芙雄の鹿児島時代について桜川以知の書簡を引き次のように掲げている。「豊田芙雄先生御滞鹿中の鹿児島市中の評判は御恥しい次第なれど、全く非常なる評で御座いました。今から考えますと女神様か何かの様に御座いました。御住家は庁の官舎（下女一人書生一人）にて幼稚園の助手の若者二人づつ宿直。御出かけの折には付添、十年直後でありましたから、人力車が少なかったので、何れにも先生は御歩行さすれば、道行く人は止まりあのエライ女先生と申しました。あるくのに横向きなさらぬ方、一直線に歩く方でありました。字もよく書き本は素より何でも知らないことはないといふ。そして小さな子供に何かほんとのことを教えて下さる先生であるといふので、それはそれは大変な評判で御座いました。先生は藤田東湖の御姪ご様であるといふので御座いましたから一層左様なりしなら

んと存じております。先生に話でもして頂くと名誉に思つておりました。左様な先生の御評判の幼稚園で御座いました」から、とてもとても鹿児島幼稚園は好評を得たので御座いました。豊田先生は実に御承知のやうに申分なき真の女先生、本年九十六歳とは残念に存じます」と記している。

注3　兄力太郎は、天保八（一八三七）年六月十六日水戸に生まれる。安政元年正月アメリカの黒船が再来すると大砲打手に命じられる。万延元年六月二十一日家督を相続し二百石を賜り、水戸藩家老の太田誠左衛門資忠の娘（高）と結婚。明治元年三月十四日会津に出征し、その後十番軽鋭隊長を命じられ、函館戦争に進軍。明治五年一月陸軍大尉に任ぜられる。明治十年一月大阪鎮台歩兵第八聯隊第二大隊長心得を任ぜられ、西南戦争勃発と同時に出征し、先鋒を担った。四月六日田原坂から南東に約六キロの「植木・木留の戦い」で、悪天候の中、視界も悪く、敵の弾丸を受けて戦死。

外遊のこと

明治二十年旧藩主徳川[注1]篤敬様が伊太利(いたりあ)全権公使に任ぜられ赴任(ふにん)することになりまして、總子(ふさこ)夫人も同伴するので、そのお相手を探し求むることとなり、私にどうかと言ふことになつたので、私としては学校の方がやうやく基礎づいて日本の女子教育の緒(ちょ)が開けて来た時ですから、之(これ)を去るのも惜いが、さて噂(うわさ)に聞く外国の事も見たく、且旧藩主の御言葉ではあり、尚当時養子の伴(はん)は大学古典講習科を卒業した際なので家のことも私が居ずとも余り苦労もないので、私は喜んで御随行(ごずいこう)することになつたのです。この時文部省からは歐洲(おうしゅう)女子教育事項取調方を申付けられました。羅馬(ろうま)では公使館に住んで居たのですから、少しも外国にゐる様な寂しさは起りませんでした。そして、佛蘭西(ふらんす)人其他の人を教師として公使館に呼び、夫人の御相手をしながら仏語其他(ふつごそのた)を勉強しました。そして仏都(ふっと)パリーには度々行き、長く滞留して方々(ほうぼう)を見学しました。
夏は端西に旅行するとか、四季折々処々方々を旅行見学しましたが、何時でも夫人のお伴なので物質には事欠かず楽しく暮すことが出来、私としては初めて人らしい生活でした。あちらで夫人は御一人御子様を挙げましたが、御養育の関係で公使より一年程先きに帰朝する事になりましたので、私も随行して帰国したのです。それが二十三年十月六日でした。文部省へは取調事項を具申致しました。

注1　徳川篤敬　明治時代の外交官。安政二（一八五五）年九月三十日生まれ。徳川慶篤の長男。叔父徳川昭武の養子となり、水戸徳川家をつぐ。陸軍士官学校を卒業し、明治十二年フランスに留学。イタリア公使をへて、同二十八年式部次長。貴族院議員。明治三十一（一八九八）年七月十二日没。妻は松平頼聰長女の総子。

帰朝後の状態と翠芳学舎

私の任務も済んだので再び教職に就かうとし築地なる東京府立第一高等女学校に教鞭を執ることになりました。女子高等師範の方は私の外国へ行く時には「何時帰つても席は空けて置くから」などの話もあつたのですが、帰つて見るとなか〳〵さう行かず、「幼稚園部の方ならある」とのことで、私も幼稚園は経験もあり、やつて見ようかと思ひましたが、然しそれよりも私は外遊中彼方の国々で見て来た寄宿学校（日本の其の家塾の如きもので一層整備したもの）を実施して見たいと思つてゐたので時機を待つまで築地に出る事になつたのです。その中に後援者抔も決まつて二十六年[注1]四月愈私塾を開く事になりました。場所は丸の内数寄屋橋際で甥の藤田健の命名に依り「翠芳学舎」とし、名流の子女も追々生徒として集まり、私も油が乗つて来た時に、之を鎖閉して宇都宮に行く事となりました。

注1　「翠芳学舎設置許可書」によると、「麹町区有楽町一丁目五番地」とある。明治二十七年八月三十日付で申請し、同年十月十一日に東京府知事から許可が下りているが、実際には、この年の四月に開校している。

西園寺文相と宇都宮時代

それは当時宇都宮高等女学校といふのはもと栃木にあつて明治六年開校といふ古い歴史がありますのに宇都宮に移転後、校風更に振はず、中学校の附属の如き姿となつてゐたので、時の文相西園寺公望侯[注1]が之を振興せしめんと図り、それにはと言つて有力な女子教育家を求むる事になり篤敬様に「豊田をやつて呉れぬか」と言ふ事になつたのです、それは篤敬様が駐伊公使になつた時西園寺公は駐独公使となり、同船・赴任した関係からお二人の間は爾後親交もあり、旁篤敬様に相談にかゝられたのですが、この時も学舎の基礎漸く定りかけたのに閉鎖するのは惜かつたのでしたが、篤敬様の御言葉もあり文相の盛意もだし難く、お受けして二十八年四月宇都宮に赴任しました。当時の知事佐藤暢[注2]さんも大さう御歓迎下され、男子師範学校長里村勝次郎といふ方が女学校長を兼務されてゐたのですが私を教頭として一切を任せて下さつたので、其処で私は専心校務校風の刷新を図り多数の卒業生を出しました。其後に七ケ年在職しましたが江木衷[注3]さんも知事として居られた事があります。

注1　西園寺公望　嘉永二（一八四九）年十月二十三日生まれ。日本の公家、政治家、教育者。位階・勲等・爵位は従一位大勲位公爵。雅号は陶庵、不読、竹軒。戊辰戦争において官軍の方面軍（総軍）総督を務め、フランス留学後には伊藤博文の腹心となった。第二次伊藤内閣にて文部大臣として初入閣し外務大臣を兼任、第三次伊藤内閣でも文部大臣として入閣した。第四次伊藤内閣では班列として入閣し、内閣総

理大臣の伊藤博文の病気療養中は内閣総理大臣臨時代理を務め、のちに伊藤が単独辞任すると内閣総理大臣臨時兼任を務めた。昭和十五（一九四〇）年十一月二十四日没。

注2　佐藤暢　嘉永三（一八五〇）年十二月生まれ。日本の内務官僚。実業家。官選栃木県知事。明治四十三（一九一〇）年九月七日没。

注3　江木衷　安政五（一八五八）年九月十九日生まれ。法律学者。弁護士。兄は江木千之、妻は江木欣々。大正十四（一九二五）年四月十日没。

水戸に二十二年

その中に水戸に高等女学校が出来ることになり、此方へ来る様に勧められもし、又当時私の一族の方では藤田の姉は病身、健は没し長男秀雄も没し、熊雄はまだ幼く、私の養子伴も病身なので、親族の意見は私が水戸に来ることが良いといふに一決して居たのです。私としては文相の依託にかゝる宇都宮高女も一段落振興しましたから再び東京へ帰つて仕事をしたかつたのですが、親族一同がそんな意見だつたので遂に水戸に来ることに決心し三十四年二月水戸高等女学校教諭として赴任したのです。当時は旧弘道館を校舎とした創業時代でしたから随分面白いこともありました。そして到頭二十二年といふもの水戸に埋まつて了つて格別の仕事も出来なくなつたのです。其れもこれも私が一家の主として立つてゐなければならなかつた故でありまして、これが自由に活動出来る身でありましたならばと思つて残念に感ずることが度々です。

殊に実兄の亡くなつた後、何かと私を助けて力になつて呉れた、実弟の政[注1]が明治四十五年に没してからは私は一層心細くなり、種々なる事に心を労し力を殺がれる様にもなつたのです、全く人事といふものは思ふ様にまゐりませんものですね。

大正五年三月、私は後進の途を開く為に辞職を願ひ出で、六月許可されて同時に講師となり、学校へ勤めることはもとの如くでしたが幾分自由でよいといふ事にもなり安易になりました。

九月初叙として勲六等宝冠章を拶けられ、宮内大臣渡辺千秋[注2]子から功績状を頂戴致しました。その前に位は縦七位になつて居りました。大正十一年二月に講師を辞しまして全く公職を離れました。

注1　実弟の政は安政三（一八五六）年二月二十四日江戸に生まれ、水戸に育つ。八歳の頃青山延寿に入門。十五歳で弘道館に学ぶ。工学省工学寮（帝国大学工科大学）二期生として、採鉱冶金学を学び明治十三年五月十八日卒業する。三池鉱山分局に勤務。後に工部大学校助教授を経て、実業界に転じ、明治三十一年には、政界に進出した。芙雄晩年の住まいとなった田見小路の土地は、政が購入したもので、舜水堂（舜水祠堂）の跡地。政は、大正元（一九一二）年九月九日に亡くなる。

注2　渡辺千秋　天保十四（一八四三）年五月二十日生まれ。幕末の諏訪藩士、明治・大正期の官僚、政治家。大正十（一九二一）年八月二十七日没。

他に顧みて恥づ

以上お話し致しました様に、私の生涯は全く何の功績もなく、殊に種々の事情のため、初一念を貫くことも出来ず、之を明治八年同時に東京女子師範で教師となつた棚橋絢子[注1]さんが後学校を退いてからは、一意棚橋女学校を経営して今以て事に当つてゐるのに比べておはづかしい程です。

この間東京女子師範学校の五十年祝典に招かれて棚橋さんにも会ひ、つもる話もして参りました。当時の職員で存命なのは男子にも女子にも棚橋さんと私二人きりです。

皇后陛下行啓に際しても特に私等二人に対してお言葉を下され感佩に堪えません次第です。

注1　棚橋絢子　幼少から父親の影響で、学問に親しみ、失明の漢学者棚橋大作と結婚し、愛知県で寺子屋や私塾などを開いた。その後上京して、貴族の娘の家庭教師や学習院等で教師として活躍した。五十八歳の時、名古屋市が高等女学校（現在の名古屋市立菊里高等学校）の創設を依頼し、初代「おなご校長」として評判となる。

その後、東京高等女学校（現東京女子学園）の初代校長として六十五歳で就任し、百歳まで校長職にあった。どんな時代でも男性と同じように女性も教育を受けることが大切であると教え続けた。訃報はニューヨーク・タイムズにも掲載された。昭和四（一九三九）年没。百一歳。

光栄と感謝

長々と自分の事お話致して相すみませんが、長い生涯に今以て私の忘れ得ませんのは、慶應二年夫が上洛して行方不明になつた時の寂しさと、当時乱世の何と言つてよいか形容の出来ない引締つた気持これは今時の娘さん方に少し分けて上げて味はつて頂きたいと思ふ程です。あの乱世の事を考へたなら贅沢や虚栄の心は出まいと思ひます、それに昨年二月十一日皇太子殿下御成婚の慶典として亡夫小太郎[注1]に御贈位下された時は、亡夫の赤誠始めて天に通じたかと私は感慨無量でした。

今、飯村[注2]先生や皆様からか丶る御眷顧を受けまして、私は感激に堪えません。やがて地下の両親舅姑夫等に見ゆる時、定めて喜んで呉れるでせう。

注1　夫小太郎には、大正十三年二月十一日付にて従五位が贈られた。国立公文書館には、小太郎の「豊田小太郎事績」（大正十三年）や「不詮議ト為リタル者」（大正十三年皇太子御成婚贈位内申事績書附録）と

小太郎の遺稿「論変通」「弁惑論」「論形勢」（古詩）が所蔵されており、資料の巻末には「衆議院議員根本正」の名刺が付されている。また、茨城県立歴史館の高橋清賀子家文書には、小太郎の履歴書の下書きや小太郎に関する資料が寄託されている。

注2　飯村丈三郎（いいむらじょうざぶろう）　嘉永六（一八五三）年五月二十四日生まれ。明治から昭和時代前期の政治家、実業家。東京などで学んだ後、生地茨城県で自由民権運動に参加。明治十四年年県会議員、同二十三年衆議院議員（当選二回）。第六十二国立銀行頭取を勤め、同じ二十四年には、いはらき新聞社長。私財を投じ昭和二（一九二七）年茨城中学（現在の茨城高等学校）を創設したが、その年の八月十三日に七十五歳で亡くなった。

参考文献

『豊田芙雄からの聞き取り記録』（稿本）一九四二年二月十一日　宮本美明他著。本資料は、高橋清賀子家（豊田芙雄関係文書）として、茨城県立歴史館に寄託されている。引用に当っては、（『豊田芙雄からの聞き取り記録』）とした。なお本文は、『水戸史学』八十四号（平成二十八年六月十五日発行）に齋藤郁子さんにより「豊田芙雄の住まいを辿って」の附載（1）にも翻刻されている。

『山川菊栄集』岩波書店。九巻（一九八二年）「おんな二代の記」　十巻（一九八一年）「武家の女性」　別巻（一九八二年）「覚書幕末の水戸藩」（全十巻　別巻一）。

『日本人名大事典』（新撰大人名辞典）（全七巻）一九八四年五月二十日　平凡社。

『日本幼稚園創立初代保母　豊田芙雄の生涯』安省三　一九八八年九月二十一日　学校法人栄光学園。

『日本歴史人物事典　朝日新聞社編』一九九四年十一月三日　朝日新聞社。

『日本人幼稚園保姆第一号豊田芙雄と草創期の幼稚園教育』前村晃、高橋清賀子、野里房代、清水陽子著　二〇一〇年三月一日　建帛社。

『日本人初の幼稚園保姆豊田芙雄〜幼児教育に捧げた九十七年の生涯』二〇一二年十月二十日　大洗町幕末と明治の博物館第二回企画展図録。

『豊田芙雄と同時代の保育者たち―近代幼児教育を築いた人々の系譜』前村晃著　二〇一五年十一月十九日　三恵社。

『時代に輝いた女性たち』齋藤郁子　二〇一八年三月　水戸歴史に学ぶ会

『改訂　水戸の町名　地理と歴史』一九八五年七月十日　編集・茨城県歴史地理の会　水戸市役所発行。

『水戸地図』一八二六年　酒井源五郎喜煕写　水府明徳会　徳川博物館複製。

『水戸市全図』一九二五年二月二十五日　製図兼発行　水戸市南町明辰堂。

Ⅳ

豊田芙雄の後半生

茨城県水戸高等女学校（水戸第二高等学校）
水戸市大成女学校（大成女子高等学校）

茨城県水戸高等女学校（茨城県立水戸第二高等学校）

豊田芙雄と茨城県水戸高等女学校についての内部からの主な参考資料には、『秀芳』二十三号　昭和八年十二月二十日、宮本美明の「豊田芙雄の高志に感激して会員諸姉に訴ふ」、『秀芳』二十四号　昭和九年十二月二十日、「豊田芙雄先生御年九十歳の祝賀会記事」等が挙げられる。

宮本美明は、昭和五年一月から昭和十五年三月三十日まで水戸高等女学校の校長を務めている。昭和十七年三月の雑誌『保育』に「日本幼稚園の最高恩人豊田芙雄先生の思い出」についても執筆している。『豊田天功・香窓・芙雄顕彰会会報』（平成十六年六月一日）には、澤田浩一の「豊田芙雄先生と女子教育」が掲載されている。

宮本美明の水戸高等女学校の同窓会報『秀峰』二十三号の「豊田芙雄の高志に感激して会員諸姉に訴ふ」は、

去る五月二十一日第三十九回秀芳会総会が当校講堂に於いて盛大に開催されました。会員の集まる者三百、客員として豊田先生はじめ多数の先生方が臨席されました。その席上幹事が秀芳会館資金募集の経過を報告して僅に千五百円の収入に過ぎざる事を述べました処、豊田先生は直ちに右資金の中へと金一万円の寄付を申出られました。私は実に驚きました。あの八十九歳の老先生から、—失礼ながら非職で僅かに恩給によつて余生を送られて居る先生から、—か丶る多額の寄付をいただくとは、余にありがた過ぎて勿体ない事に。一時非常にためらひましたが先生の御芳志だけは忝く拝受するとして、この金円は辞退したいと武田委員に事情をのべて先生に申上げていただいた処、先生はこの事は昨今の思ひ付きではなく久しい以前から熟考して居た事である。即ちこの記念事業たる会館の建設を一日も早く実現して、女子教育振興の中心殿堂たらしめたいと。これ秀芳会に対する多年の宿望であつたので今僅かにその微志る表したにすぎぬ。遠慮せずに受納されたいとの仰を承つて一層有りがたく感激の涙を催しました。

豊田先生があの老体を以てして絶えず教へ子の将来を案ぜられ、更に広く本県女子教育の振はざるを慨せられて、古い歴史を有する当校が中堅となつてその向上を図る様にとの忠言を寄せられた事は誠に勿体ない御言葉で、流石に先生なればこそと敬服の至りに耐へませぬ。吾等秀芳会員はこの高志を拝し激励を蒙つては一刻も安閑として過し得べきではありますまい。

そこで私共は市内の建設委員と謀つて取急ぎ第二回の勧誘状を皆様に差上げた次第です。十月十五日の現在高はやうやく二千百円に達したのみで前途尚遼遠の感があります。しかしいかにおくれても明後年（昭和十年）の創立三十五周年までには必ず完成させねばならぬ。そして豊田先生を第一に御招きして、盛大な落成式を挙げねばならぬと幹事や委員は意気込んで居ます（後略）。

豊田先生御年九十歳の祝賀会記事では、祝賀会は、昭和九年四月二十二日に行われ次のように書かれている。

昨日の強風も、今日の日を祝福する如く晴れ、麗かな四月二十二日、全国的にも誇り得る女子教育の先覚者として知られた恩師豊田先生が本年九十歳と云ふ、類ひ稀な御高齢を御迎へ遊ばされましたので先生をお招き致し母校講堂に相集ひ心からなる祝賀会を挙行致しました。午前十一時開会。

一、開会の辞　　岡村仙子
二、会長の祝辞
豊田先生には人生九十の春を迎へられ誠にお芽出度い次第です。先生は早くから教育事業に専念遊ばされ、その御経歴中殊に先生が女高師時代に幼稚園経営について研究なされ、鹿児島市幼稚園創立に際して招聘されて御指導遊ばされた程幼稚園事業の権威者であつたと云ふ事は、先生が教育と云ふ事に対して計り知ることの出来ない程御尽力遊ばされた事を物語つて居ります。その尊い御志を讃へ先生を国宝と申上げても決して過言ではありません。

私共今日のこの上も無いお目出度い日にあやかり実に喜悦にたえません。
三、記念品贈呈　　本田まさ姉（東京支部をも共に代表して）
四、武田清子姉の祝辞
内面的、謂ゆる家庭に於ての先生の御様子
五、日立支部長加藤吉士氏の祝辞
只今先生のお姿を拝見致し、矍鑠として在らつしやるのを誠に嬉しく思ひます。会長のお話しになりました様に私も先生を国宝と申上げ度いと思ひます。

我国の現在の状態、若くは世界の現在の状態をより良き状態とするには、も早や男子の力ではなく只一つ残された女子の力であると確信致す次第です。どうぞ、豊田先生を学び婦人方の覚醒を願つてやみません。
六、記念品贈呈　　日立支部代表沼田しげ姉
七、在京卒業生有志宮内まき子姉の祝辞

今日は豊田先生の九十の御高齢の御祝に列席致しまして誠にお芽出度き極みで御座います。私は茲に先生のお顔を拝しますと、備後の国の鞆ノ津の海岸にある仙酔島の松の老樹大木を思ひ出します。鞆ノ津は国立公園瀬戸内海の起る所で御座います。仙酔島はその名の通り、仙人も酔ふ程の風景の勝れた島であります。世に謂ふ蓬萊山の様な島で御座います。昔神功皇后が三韓征伐の時此の島の上にお立ち遊ばされて、其の風光を賞せられたと云ふ伝説もございます。此の島の北の海岸に千百年も経たと云はれて居る老松が、今日猶鬱蒼として茂つて居ります。私は先生が老いて猶矍鑠として在らせられるのは、此の老い松にも擬せられるものであらうと存じます。此の蓬萊山の様な仙酔島の老松には千年の鶴も巣をくひ、根元には萬年の亀も集ひ遊ぶのでございませう。今日の此のお集りは全く仙酔島の感が致します。私は若い時から先生の御教へ受けましたが、只今猶先生に教育されて居る者でございます。私は母に叱られた言葉よりも、主人の戒めよりも、子供等からの諌告よりも、おやさしい先生からのお便りが一層私の心を引き締めて、自分を反省し、子供の教育をはげまして下さいます。是は私ばかりでなく今日此所にお集りの方は、皆様この様に思召すのでございませう。先生が御高齢におなり遊ばして御教職を退かれた今日猶、私共を教育されて居られるのは実に先生の有難い御高徳といはねばなりません。昨年秀芳会へ多大の御寄附を下さいました事等は、古きは第一回より、新しきは今年の卒業生に至る迄、此学校の卒業生全体、秀芳会員一同を覚醒させられた警鐘に異りません。私共は此のお芽出度い大樹の蔭に育まれ、恵みの露にいこひ、教の道を指して戴きました者は、松の翠の益々濃く茂りまして、豊田先生が今後一層常磐にお栄えになる事を祈り上げるのでございます。終りに水戸に居られまして朝夕先生をおなぐさめ遊ばす同窓の方々に遠く離れて居りまして不行届の私から厚く御礼を申上げます。

八、豊田先生の謝辞

私は御承知の通り斯くの如く、目も耳も悪くなつて何のお役にもたゝないにも関はらず、只今は身に余る御讃辞と、しかも御立派な記念品とを頂き感涙にむせんでゐる有様です。

私と学校との関係は、とうの昔の事であるにも係はらず、今こゝでその当時の卒業生の皆様からお祝ひを頂くと云ふ事は夢にも想はない喜びでございます。

九、祝電報告

十、記念撮影

十一、園遊会

豊田先生御在職当時お植ゑ遊ばしたと云ふ御縁の深い、又私共にも思ひ出の多い校庭に、今を盛りと咲き誇る桜花の下で園遊会を開き水菓子、おでん、おせんべい、おすし、もち菓子等を喫し乍ら、懐奮談に花を咲かせ十二分に観を尽しました。

十二、余　興

十三、閉会の辞　　今井幹事

（中略）

豊田先生九十の賀を迎へて

陽春四月お花の丁度見頃であつた二十二日、私共の奮師であつた豊田先生の九十歳にならせられた御祝の集ひを母校秀芳会の名に依つて開かれました。此催あることを先生に申し入れました所非常なお喜びで御まち兼ねの御様子でした。当日は御約束申した時間には早くも御出で下さいまして教へ子達の沢山集まられた事を御満足の面もちで式場内の設けの席におつきになりました。今日のお祝ひの印にと御平常着一揃ひさしあげました所先生には昔に変らぬ御元気なお声で確かりとした御挨拶と感謝の意を述べられ私共に対してはいろいろと有り難い御鞭撻の御言葉を懇々と下さいまして一同感激の情に涙ぐまるゝ程でした。式後校庭の桜樹の下にしつらへました別席で先生と共に皆々打ちより昼の食事をいたゞきながら昔語りに花を咲かせ、春の日長も尚足らぬげに夕暮間近喜びの中に此の日を終りました。（本田記）

昭和十年九月六日、宮本美明校長が中心となり、数名の教師が豊田宅を訪問し、座談会形式で聞き取りをして豊田芙雄の伝記をまとめる考えがあった。この聞き取りは五回行われており、昭和十一年六月十二日が最後となっている。これは、豊田芙雄の健康を気遣って途中で中止されたとある。前書きには「この記録だけでも保存し得た事は先生の高風を偲ぶよすがとして、まことによき資料と信ずる」とあり、文末に「昭和十七年二月十一日　紀元節の日、誌す」とある。主に水戸高等女学校秀芳会雑誌部用や水戸高等女学校用の原稿用紙の使用済み裏面に記録されている。大まかな内容としては、生誕から上京、そして鹿児島から帰京後、明治二十年九月に渡欧の途に着いたところまでの聞き取りとなっている。本資料は、高橋清賀子家文書（豊田芙雄関係文書）として、茨城県立歴史館に寄託され、「豊田芙雄からの聞き取り記録」と資料名にある。本文は、『水戸史学』八十四号（平成二十八年六月十五日発行）に齋藤郁子さんにより「豊田芙雄の住まいを辿って」の附載（1）に翻刻され、その後『時代に輝いた女性たち』（二〇一八年三月　水戸歴史に学ぶ会）に収録されている。

水戸市大成女学校（大成女子高等学校）

I

平成二十二年の三月にかねてから切望されていた『豊田芙雄と草創期の幼稚園教育』が建帛社から出版された。豊田芙雄と関わりのある大成学園も、平成二十一年の七月には、創立百周年祭を盛大に執り行ったところであった。

大成学園は、茨城県下初の私立の女学校として明治四十二年に額賀三郎・キヨ夫妻によって創設認可され、平成二十一年には大成学園（大成学園幼稚園・大成女子高等学校・茨城女子短期大学）創立百周年を経た女子教育一筋の伝統校であり、平成二十七年四月からは、大成学園幼稚園は、認定こども園となり、さらに那珂市から額田保育園が大成学園に移譲され、大成学園額田保育園となった。更に笠間市との公私連携協定により、平成三十一年四月から、笠間市立かさまこども園を大成学園かさまこども園、笠間市立いなだこども園を大成学園いなだこども園として大成学園が管理・運営することになった。

大成学園の草創期には、地域社会で活躍した町田観柳氏婦人ふくや、茨城県初の女性ジャーナリスト猿田千代をはじめ、その後も家庭人としての勤めと、地域社会に活躍貢献している女性を多く輩出している。

大正時代の教員の中には、日本の幼稚園教育の開拓者として、日本の幼稚園保姆第一号として活躍し、また女子高等教育の先駆者として日本の女子教育界発展に大きく貢献するなどで、高名な豊田芙雄が教育指導に当たっている。

豊田芙雄は、大正六（一九一七）年四月から水戸市大成女学校の教諭となり、大正十四（一九二五）年には水戸市大成女学校の校長を拝命し、「人格高き女子を造れ」を標榜し、教養ある女子の育成に努めた。昭和十六（一九四一）年十二月に亡くなるまで、女子教育の道を切り開き、その功労者として叙勲や表彰も数多い。

ここでは、豊田芙雄と当時の水戸市大成女学校との関わりについて述べてみたい。

従来から大成女学校との関わりについて記されている図書資料として、左記の図書を挙げることが出来る。

『豊田芙雄子先生と保育資料』（昭和五十一年十一月　茨城県保育まつり実行委員会）

『日本幼児教育の先覚』（昭和五十四年五月　渡辺宏　ふるさと文庫）

『豊田芙雄と草創期の幼稚園教育』（平成二十二年三月　建帛社）

はじめの『豊田芙雄子先生と保育資料』と『日本幼児教育の先覚』の年表（年譜）には次のように記載されている。

大正十一年四月（七十八歳）　私立水戸好文女学校、並びに大成女学校講師となる。

大正十二年十月（七十九歳）　水戸大成女学校（現茨（ママ）城短期女子大）校長となる。

昭和二年（八十三歳）　大成女学校校長を辞する。

次に『豊田芙雄と草創期の幼稚園教育』から本文を引いてみたい。

大正十四年（一九二六）八十一歳のおりには、水戸の私立大成女学校（現在（ママ）の茨城短期大学）の校長となり、昭和二年（一九二七）に至って、同校校長を辞職している。また、残されている文書等によると、昭和十年（一九三五）、九十一歳になる頃までは、随時教壇に立っていたようである。芙雄は、日ごろから摂生を心掛けており最晩年に至るまで知力も体力もしっかりしていた。

とあり、同書巻末の年表には、次のようにある。

一九二五（大正十四）八十一歳　水戸の大成女学校（現（ママ）・茨城女子短期大学）校長となる。

一九二七（昭和二）八十三歳　大成女学校校長を辞める。

とある。豊田芙雄の年譜で最も古いと思われるのは、『いはらき』新聞の「芙雄号」（大正十四年十二月十七日）であろう。しかし当時の『いはらき』新聞社は、戦災で焼失し、拝読することは困難なことではあるが、幸いにも茨城県立図書館には、復刻紙が所蔵されているので、こちらを閲覧させて頂いた。この「芙雄号」は、以後の豊田芙雄関係の伝記・年譜・回顧・慈雨集〈祝賀書画帖で書画・漢詩、和歌（短歌）、俳句等の掲載〉があり、豊田芙雄研究に関する総合的な出発点になるものであろうと思われるので、まずは紙面を詳細に見ていきたい。

いはらき

雄號

捧呈文

飯村丈三郎

豊田芙雄子先生略傳

小川□撰

祝辭

末松千代子

豊田芙雄子先生

豊田先生 高齢祝賀の詞

木田□□

女子教育の活歴史

阿知波小三郎

豊田芙雄子女史 高齢祝賀

槇本正

慈雨集（□□□□）

御詫と希望

飯村丈三郎

茫々八十年の回顧
お騷ぎ時代亂世の怖しさ
今からは萬事が夢の樣

左の一篇は豊田先生の往時を尋ねんとて、本社記者戸祭音水、猿田千代子兩人が訪問せし際の、先生の回顧談を戸祭記者が筆記したものである、先生の既往を知ると共に擾亂たるその行跡、顛難たる當時の世相も窺はれ、現代華美奢侈の風俗に對し一種の稜たるべきを以つて此處に揭げることとしぬ

外祖母のこと

父について

母と母の同胞

生家の兄弟

豊田家に嫁す

舅天功のこと

夫の追懐

一、幼にして俊敏

二、國事に奔走

三、小太郎の思想

四、小太郎の最期

五、形見にかしづく

德川侯爵の題字

彈丸の下に在り

平治の風の再現

續く一家の不幸

劒を儀に通學

待つ人は歸らず

發櫻女學校

お茶の水時代

維新後の狀態と栄芳學舍

外遊のこと

鹿兒島の思出

西園寺文相と宇都宮時代

他顧を恥づ

水戸に廿二年

光榮と感謝

漢詩

慈雨集

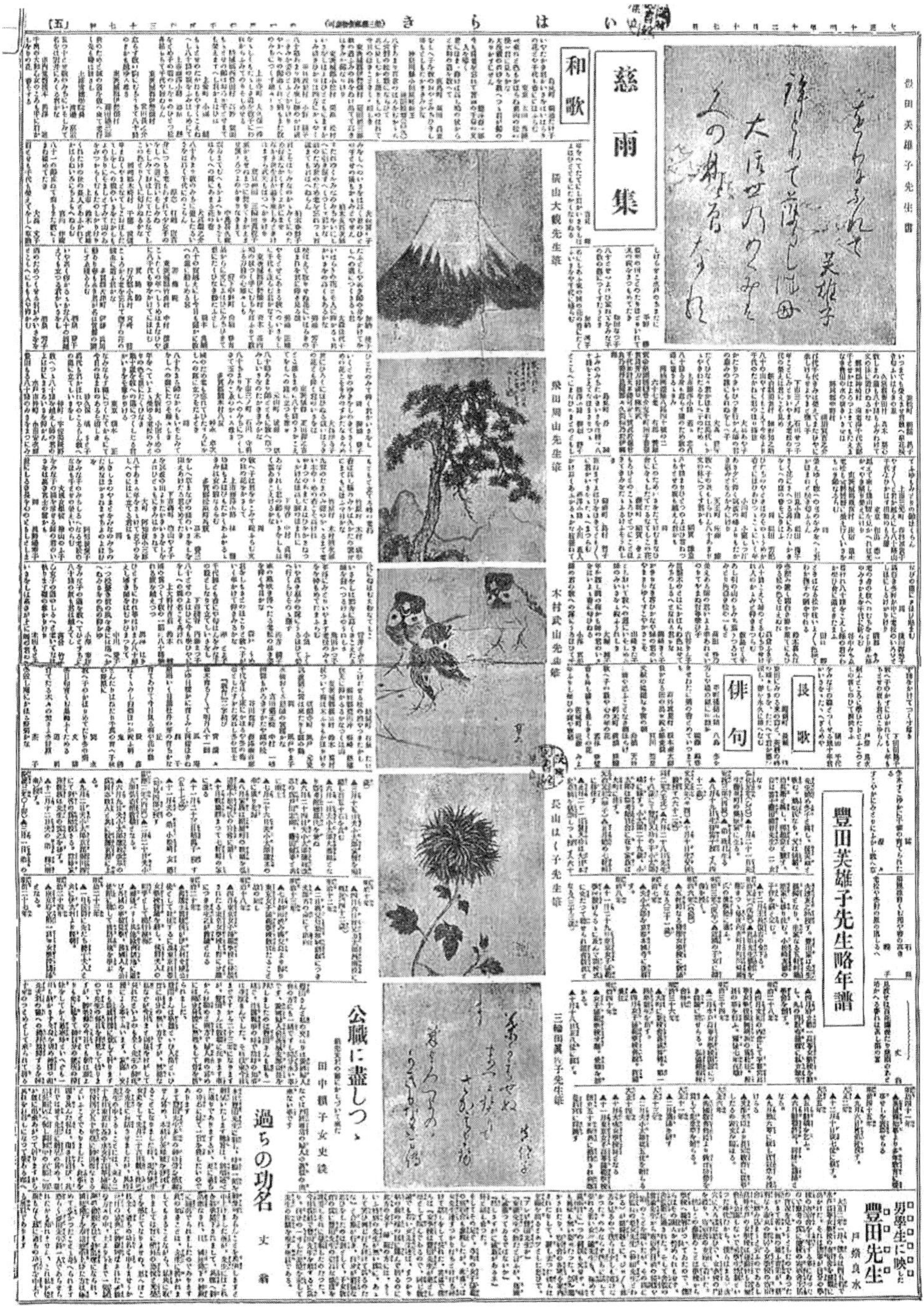

いはらき　〔五〕

豊田芙雄子先生書

慈雨集

和歌

横山大観先生筆

飛田周山先生筆

木村武山先生筆

長山はく子先生筆

三輪田眞佐子先生筆

長歌

俳句

豊田芙雄子先生略年譜

公職に盡しつゝ

田中槇子女史談

過ちの功名

丈翁

男學生に映じた豊田先生

戸祭良水

本紙の「芙雄号」は、全四ページ組みであるが、最後のページは、一面雑誌少年倶楽部の広告となっている。また一ページ目の紙面上左側に【三】とあるのは、一面及び二面は通常の紙面で、三、四、五面が芙雄の特別号で、六面が広告といった構成になっている。

一ページ目【三】には、中央に芙雄子上半身肖像写真

祝辞　末松千代子
巻頭に捧呈文　飯村丈三郎
豊田芙雄子先生略伝　常磐神社宮司　小川速撰
豊田先生高齢祝賀の詞　本田嘉種
豊田芙雄子女子高齢祝賀　根本　正
女子教育の活歴史　阿知波小三郎
御詫と希望　飯村丈三郎
慈雨集（祝賀書画帖）の写真

二ページ目【四】には、「茫々八十年の回顧―お騒ぎ時代乱世の怖しさ、今からは万事が夢の様―」と見出しがあり、リードに枠を入れて、「左の一篇は豊田先生の往時を尋ねんとて、本社記者戸祭良水、猿田千代子両人が訪問せし際の、先生の回顧談を戸祭記者が筆記したものである」とあり、父について／母と母の同胞／外祖母のこと／生家の兄弟／豊田家に嫁す／舅天功のこと／夫の追憶（一、幼にして俊敏　二、国事に奔走　三、小太郎の思想　四、小太郎の最期　五、形見にかしづく）／弾丸の下に在り／平治の乱の再現／続く一家の不幸／待つ人は帰らず／剣を懐に通学／発桜女学校／お茶の水時代／鹿児島の思出／外遊のこと／帰朝後の状態と翠芳学舎／西園寺文相と宇都宮時代／水戸に

二十二年／他を顧みて恥ず／光栄と感謝

とある。記者の戸祭良水の本名は、戸祭道男。『史蹟名勝水戸・太田・三浜案内』等の著書がある。同じく記者の猿田千代子、本名猿田千代は、茨城県初の婦人記者で、現代風に書くなら県下初の女性ジャーナリストであった。猿田千代は明治二十三（一八九〇）年四月七日に小松村、現在の城里町上入野に生まれた。明治四十（一九〇七）年三月に水戸高等女学校を卒業した。在学中は、豊田芙雄がクラス担任で受け持ち教科は国語であった。その後、日本女子大学に入学したが中退して郷里に戻った。この頃大成裁縫女学校前身の裁縫塾で額賀キヨから直伝により学んでいる。その後、郷里の小松尋常高等小学校の教員となり、傍ら小松原暁子のペンネームで歌人としても活躍した。尾上柴舟・横瀬夜雨・山村暮鳥・大関五郎等との交流もあった。

猿田千代の才能を見出した当時の『いはらき』新聞社主筆本多文雄の懇望に両親の反対を押し切って、県下初の女性記者となって活躍した。その文章は文語体の多い中にあって、母親譲りの豊かな感性と口語体のやわらかく分かりやすい表現は女性読者の心をしっかりと捉えた。大正十三年三月二十六日と同じく二十七日付の『いはらき新聞』に当時の大成女学校を飯村丈三郎社長と共に訪問し、「送別会に招かれて」と題して、取材した記事も書かれている。

新聞社退職後は郷里の教育委員や婦人会長を歴任し、昭和三十五（一九六〇）年には、常北町議会議員に女性としてはじめて当選、町政にも貢献した。再選二年目の昭和四十一（一九六六）年四月、婦人学級バレーボール大会帰宅後、心筋梗塞のため倒れ、七十六歳で亡くなった。男女共同参画社会の先駆け的な存在で「男の人でも敵わない」と言われた程、身を尽くし地域のために働いた功績には大きなものがある。文学的な面においても、金子（現在は谷津）未佳先生による『小松原暁子著作集』等の刊行があり、再評価の気運が高まっている。

同じく二ページ紙面の中央には徳川侯爵の題字「慈雨」が圀順（くにゆき）の名前で掲載されている。そして紙面下の二段からは、「慈雨集」となり、はじめに漢詩が小野葵水、名越時孝、菊池謙二郎等二十七名が掲載されている。

三ページ【五】には、はじめに豊田芙雄子先生書として直筆による和歌の写真が掲載されている。写真の本文には、次のような表記を用いているので、参考までに記載する。

を利尓ふれて

鉾と利て護りし城母
大御世乃めくみ者
文の林と曾な流

芙雄子

現代表記に置き換えると次のようである。

をりにふれて

鉾とりて護りし城も
大御世のめぐみは
文の林とぞなる

芙雄子

そして上二段抜きで「慈雨集」とあり、和歌（短歌）が掲載されている。この和歌の掲載人数が一番多く、概数百十八名にも及んでいる。

同紙上で次に掲載されているのが、長歌であるが、これは一人のみで、次に俳句が掲載されている。俳句は、概数で二十九名の方が寄せられているが、最後に暁子とあって、「老松や冬野の原の道しるべ」とあり、これはペンネームの小松原暁子で猿田千代の作であることは確信出来るものである。

この紙面の中央には、上から横山大観（富士山）、飛田周山（松）、木村武山（鳥）、長山はく（花）の絵がある。次の三輪田真佐子の書には、「葉可えせぬまつ尓契りてさかえま勢幾与ろつよの可き利なき万伝」とあり、これは現代表記にすると、「葉かへせぬまつに契りてさかえませ幾よろつよのかきりなきまで」となり、五人の書画が並んでいる。そして、

公職に尽しつゝ──祖先夫君の霊にかしづいて来た　　田中頼子女史談

過ちの功名　　　　　　　　　　　　　　　　丈翁

があり、下段には、

男学生に映した豊田先生　　　　　　　　　戸祭良水

がある。そして豊田芙雄の年譜は、この紙面下段の右側に記載されている。晩年の水戸時代について転載したい。

明治二十八年

四月　文相の内意にて宇都宮高等女学校振興刷新の為赴任。校長の事を行ふ。爾後七年在職

明治三十四年

二月　水戸高等女学校開設につき教諭に聘せらる。弘道館仮校舎時代

明治三十六年

大町に新校舎落成移転。第一回卒業生を出す

四月　女子師範学校併設。教諭兼任
明治四十年
女子師範学校分離。兼職を解かる
十月十八日　正八位に叙す
明治四十一年
茨城県知事より多年教育に従事せしを表彰せらる
明治四十五年
実弟死没す
大正二年
十二月十日　従七位に叙す
大正五年
五月　辞職を乞ふ
六月　辞職許可、同時に講師となる
九月　勲六等に叙し宝冠章を授けらる
文部大臣より長年教育に従事したるの表文を賜わる
大正六年
帝国教育会長より教育功労を賞して記念章を贈らる
大正十一年
二月　講師を辞す

大正十三年

二月　夫小太郎従五位を贈らる

大正十四年

十月（ママ）　大成女学校長となる

十一月　東京女子高等師範学校創立五十年祝典に招待され列席皇后宮に拝謁す

東京から宇都宮へ、そして水戸に帰郷している。豊田芙雄の孫の夫、細田徳寿は「豊田芙雄子のこと」（『豊田芙雄子先生と保母資料』昭和五十一年十一月、茨城県保育祭り実行委員会）の中で、「当時宇都宮高等女学校の校風が余りにも芳しくないので、その刷新のために、文部大臣西園寺公望さんから親友の徳川篤敬侯を通じて学校の経営一切をまかせるから教頭としてぜひ赴任してもらいたいとの懇請がありました。（中略）茨城県立高等女学校（現在の茨城県立水戸第二高等学校）の創立について貢献するところ大なるものがありました。教頭として二十三年間勤めましたが、世間一般では名誉校長といっていたそうです。祖母の理想は日本の女子の地位向上の基礎としての女子教育全般の革新ないしレベル・アップにありましたから、水戸に帰る場合も相当悩みましたが、弟の桑原政氏が、郷里の女子教育に努めることも意義深い仕事ではないかと大いにすすめた結果、決意したと聞いております」と書いている。

一方大成女学校、現在の大成女子高等学校側からの資料は戦災を受けて乏しい中にも、卒業写真帖には豊田芙雄の肖像写真が掲載されている。その古い写真を見ると、巻頭は額賀三郎と当時の大成女学校の校門と校舎、そして次の写真の額賀キヨよりも前に豊田芙雄が配置されていることで豊田芙雄が重要な位置に居られたことは十分に拝察することが出来る。そしてまた、大正十五年の卒業写真帖には、別枠の配置となっている。

額賀三郎と創立時の校舎

上段右が豊田芙雄で上段左が額賀キヨ

中央に集合写真、枠外の右上が豊田芙雄

ここで新しい資料として、茨城県立歴史館寄託の高橋清賀子家文書の書簡、額賀三郎から宮本美明宛を紹介したい。

年月日等の日付がなく何時の物か不明ではあるが、おおよその見当はつくことであろう。

豊田先生
　当校勤務年限
大正六年四月ヨリ
大正十三年三月迄　水戸市大成女学校教諭
大正十四年四月ヨリ
昭和三年三月迄　水戸市大成女学校校長
　豊田先生辞職願出　（老齢ノ為メ）

拝復　御尋ねの件別紙の通りに御座居万寸
　御返事迄に申上候
　　六月十六日
　　　　　　　　　　額賀三郎
宮本先生

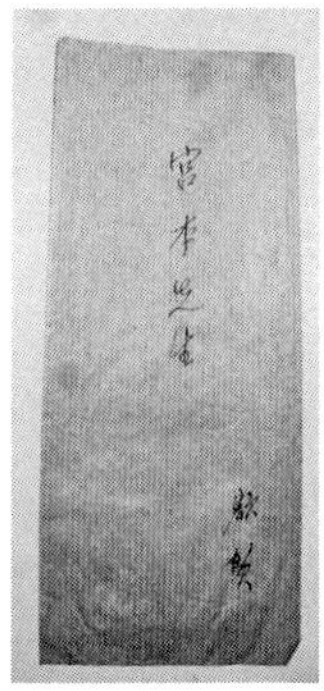

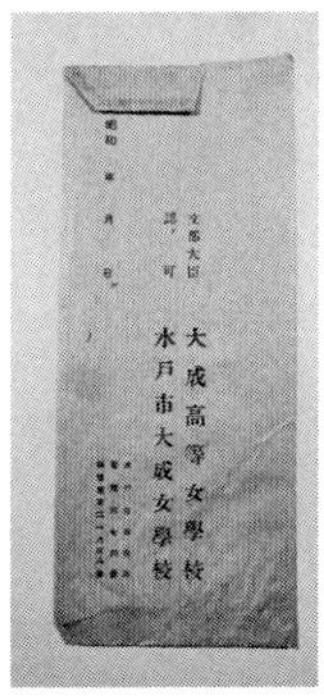

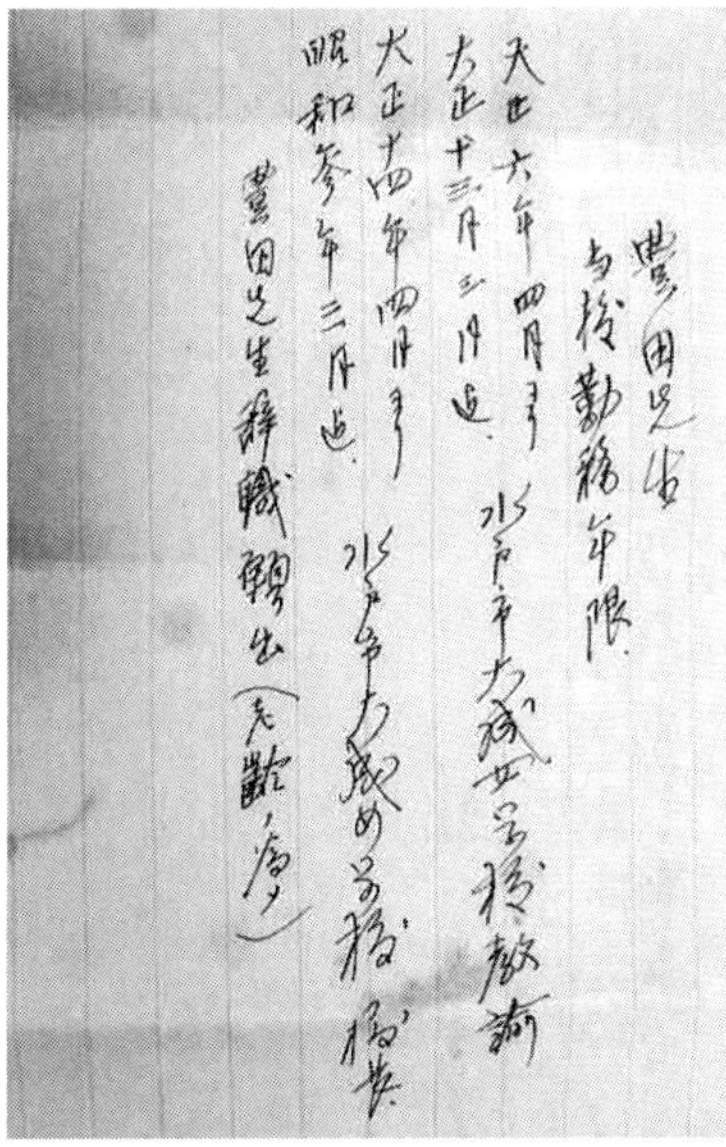

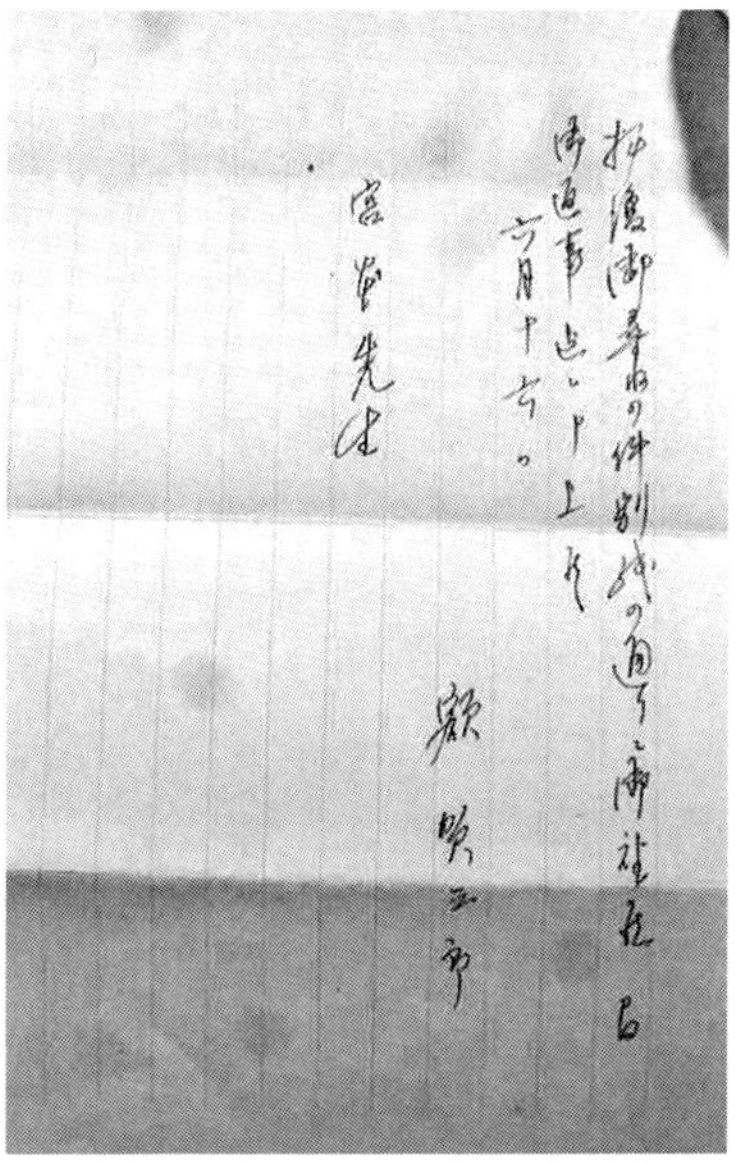

額賀三郎からの宮本美明宛の書簡

封筒表には、中心に宮本先生とあり、下の右側に額賀とある。

封筒の裏の年月日記入欄には記載はないが、昭和十五年代の全保育連盟理事長西村真琴と宮本美明との関連から、昭和十五、十六年頃であろうと推測するものである。下に印刷で、文部大臣認可　大成高等女学校と水戸市大成女学校が併記されている。住所は水戸市藤坂町　電話三九六番　振替は東京二一八三八番とある。

宮本美明は昭和五年一月に旧制龍ケ崎中学校長から水戸高等女学校の校長に赴任し、昭和十五年三月三十日に退職している。『水戸二高百年史』（平成十二年九月三十日）によると、「宮本美明は、明治十四年四月に新治郡牛渡村（旧出島村で現在のかすみがうら市牛渡）に生まれ、広島師範の地理歴史部を卒業」とある。人間性が豊かで水戸学にも深い関心を持っていたようである。

宮本美明については、大成学園『創立三十年史』（昭和十六年三月十日　水戸市大成女学校・大成高等女学校）に二カ所その名前が記載されている。その一つが、創立二十五周年記念式典での祝辞であり、「昭和七年二月二十八日　茨城県中学校長代表　茨城県立水戸高等女学校　宮本美明」とあり、もう一つは、創立三十周年記念式典での祝辞に「昭和十五年十二月十四日　来賓総代　宮本美明」とある。

この書簡は、従来の資料の中では、最も詳しく就任年月等も記載されており、何よりも創立者である額賀三郎自身が記載しているものであるので、これが事実であったろうと思われる。宮本美明も「日本幼稚園の最高恩人　豊田芙雄先生の思出」（『保育』三月号、昭和十七年三月十五日）の中で、「大成女学校長たる事四年に及んだ」と書いている。

昭和四年三月二十日には、大成高等女学校の設立が認可され、定員二百名で発足し、ここからは従来からの水戸市大成女学校と新しい大成高等女学校の併設時代のはじまりとなるものであり、額賀三郎は、新しく生まれる大成高等女学校の開設準備等で多忙なこともあり、信頼もあったので、水戸市大成女学校の校長を豊田芙雄に依頼したものではないかと推測するものである。

豊田芙雄が大成女学校に奉職し、校長を就任した大正十四年といえば、豊田芙雄は八十一歳の高齢で、教職歴五十余年の大ベテランであり、幼児教育・女子教育の大先達でもあった。前述の細田徳寿の水戸時代の回想に「世間一般では名誉校長といっていたそうです」とあるように、社会一般の通称では、既に校長先生であったろうと推察されるものでもある。豊田芙雄自身は、亡くなる一年程前の『サンデー毎日』（昭和十五年六月九日）「生きている歴史」の取材記事の中に「大正十四年から昭和二（ママ）年まで水戸の大成女学校の校長を務め」たと語っている。

Ⅱ

豊田芙雄の八十歳になったお祝いに寄せられた祝賀書画帖「慈雨集」には、書画をはじめ漢詩、和歌（短歌）、俳句等の作品が掲載されている。これらの作品は、『いはらき新聞』「芙雄号」（大正十四年十二月十七日）に掲載されている。ここでは、特に「慈雨集」に見る大成女学校関係者による豊田芙雄を讃える和歌（短歌）についてみていきたい。

はじめに、高橋清賀子先生からのご厚意により、額賀三郎並びに額賀キヨ直筆による色紙の写しを頂きましたのでこちらの作品を掲載したい。

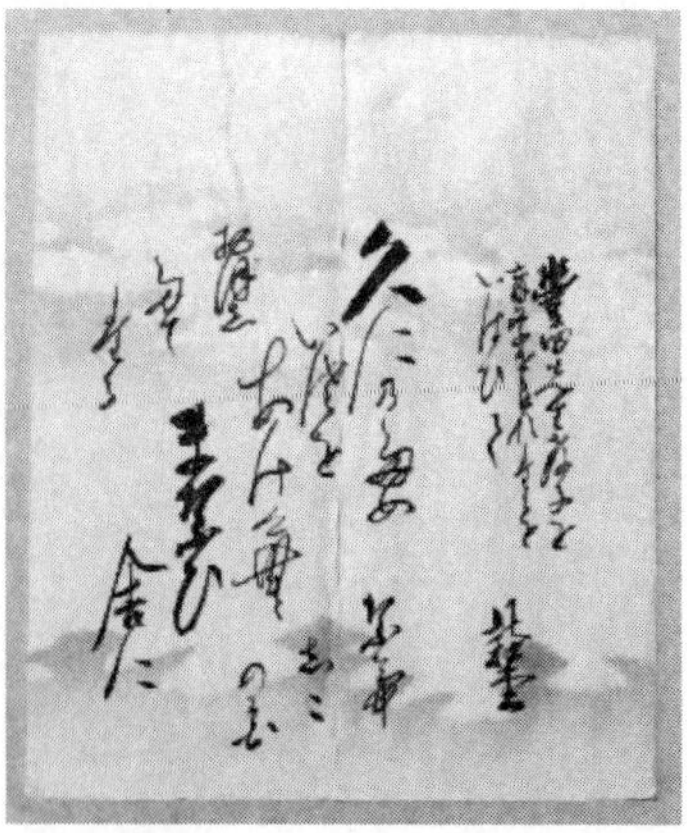

謙堂
豊田先生教子を
育学世良れ堂るを
いはひて
久に乃多女
い佐を
あけゝ無
ま奈ひ
舎に
お保志
多て
堂る
奈亭
志こ
の花

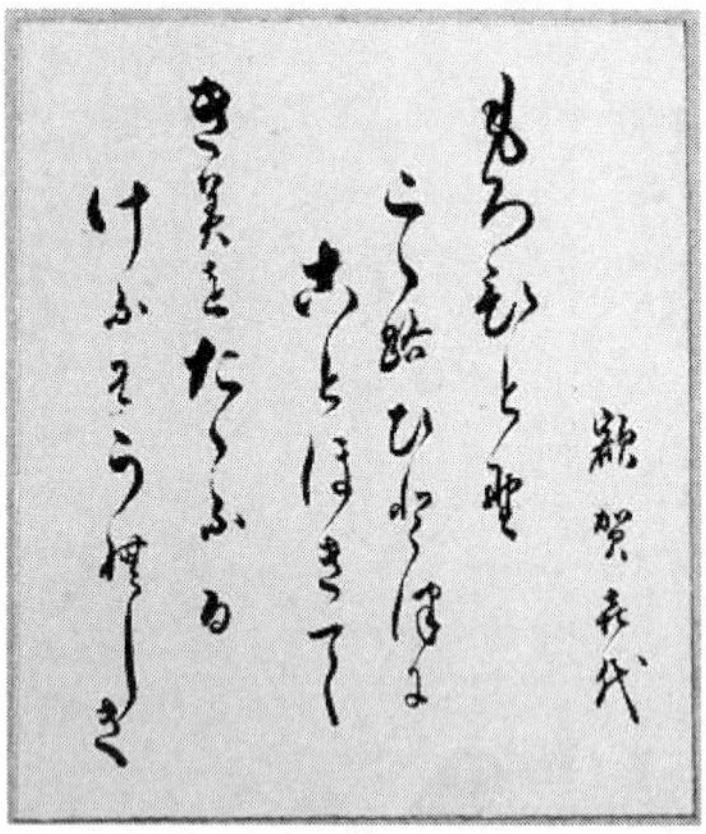

額賀喜代
もろ飛と野
こゝ路ひ登津爾
古とほきて
き美をたゝふる
けふそう禮しき

色紙に書かれたもので、謙堂は額賀三郎の筆名である。和歌のはじめには詞書きがあるが、新聞に掲載されたものには「豊田先生教子を育学せられたるをいはひて」の言葉書きは置かれてはいない。また、若干の語句の異同もあり、次のようにある。

額賀謙堂

八十路まり（て）ひとつのよはひ重ねつゝちとせの坂も越えん君かも
くにのためいさをたてけむまなひ舎にをゝしたてたるなてしこの花

藤坂町　額賀きよ

もろひとのこゝろひとつにことほきてきみをたゝふるけふそうれしき

第一首目の（）内は編著者小野が記入したもので、誤植と思われる。額賀夫妻による豊田芙雄への讃歌である。特に額賀三郎は、撫子の花を大切にしていた。

花橘野　香に匂ふ　萌えいつる　大和撫子　額賀生

これは、昭和四十年一月、なでしこ同窓会と大成学園教職員によって創立者夫妻の胸像が建てられ、刻まれた言葉である。創設者の額賀三郎は、本学園の学生たちが美しく気品ある女性となることを願い撫子の花を校章に取り入れた。撫子は、その気品あふれた清楚な姿を日本女性にたとえた「大和撫子（やまとなでしこ）」という美称も生み出している。この言葉の奥にひそむ日本女性の強さをも評価し、気品と清楚ともう一つの強さを加えた理想の女性像を象徴したものであった。

そしてまた、撫子ということばには、子どもを深い愛情をもって育てる「なでいつくしむ」という意味もある。わが子のように教え導き、愛情あふれる女性の育成という願いも込められている。現在でも撫子の花は、大成学園のシンボルとして認定こども園大成学園幼稚園、大成学園額田保育園、大成学園かさま

創立者額賀三郎・キヨ夫妻

創立者胸像

こども園、大成学園いなだこども園、大成女子高等学校、茨城女子短期大学総ての校章は、撫子の花をかたどったものである。

さて、大成学園「大成」の命名の由来は『孟子』の「万章章句下」によるもので、

孔子之謂集大成。集大成也者、金聲而玉振之也。

金聲也者、始条理也。玉振之也者、終条理也。

始条理者、智之事也。終条理者、聖之事也。

孟子が述べた「集めて大成す」によるものである。「集大成」とは元来、音楽上の言葉で孔子が諸聖人の徳を総て兼ね備えていたことによっている。

「集めて大成す」とは鐘を鳴らして音楽をはじめ、続いて笛や太鼓等の八音が合奏され、最後に磬をうって音楽が終わりとなる（八音の一つひとつの始終が一小成で、八音全体の始終が集大成となる）。音楽が乱れないようにはじめられるのは、智のはたらきであり、音楽が乱れずにきちんと完成して終わりとするのは、聖の力である。

即ち集大成とは智（才知）のはたらきと聖（人徳）の力量との両方を備わった大総合の意であり、多くの長所を集めて一大長所をつくることを表したもので、多くのものを広く集めて一つのも

のに完成させることに由来するものである。「大成」することを人間形成の目標に据え、一人ひとりが豊かな人間性を身につけ、望ましく成長していく期待感が学園名には込められている。

ひなみやこをみなはことに縫はりのただしき道にすすめとぞ思ふ

明治四十三（一九一八）年六月、大成裁縫女学校発行『校友会誌』創刊号の表紙に額賀三郎の短歌が掲載されている。また、『大成学園創立三十年史』（昭和十六年三月十日）には、「女子の裁縫教育は勿論、女子人格一般陶冶の上にも社会の趨勢と共に多大なる関心を持たれて本校創立を企画し、多年実地教育にて得たる所の抱負を実現し堅実なる日本婦人を養成せんとした」ことを謳っている。額賀三郎・キヨ夫妻が最も心を配ったのは、日本の女性としての徳性の向上と女子の一般的な水準の向上にあった。

時代背景として茨城県では、明治十三年に茨城県尋常中学校が設けられたのをはじめに各地で中学校や実業学校が設立されはじめたが、これに対して女子教育は、はるかに遅れ明治時代の女学校として県立では、明治三十三年に水戸高等女学校、同三十六年に土浦高等女学校の二校が開設されただけであった。このような教育界の情勢の中で、本学園の創立者である額賀三郎・キヨ夫妻は、早くから女子教育の重要性に着目し、裁縫教育を中心とした女子の人格全般の陶冶が急務であることを痛感していた。当時の先進的な女性たちの歩みにも共感し、女性にとって必要な裁縫の技術を身につけ、女性の置かれている地位の改善向上、特に若い女性の教養の向上とさらには、経済的な自立の促進を図り、時代に即した堅実な日本女性の育成を目指して学校事業を計画し、明治四十二（一九〇九）年に茨城県下初の私立大成裁縫女学校を創立した。

大正八（一九一九）年、校名を水戸市大成女学校と改称し「女子ニ須要ナル知識技能ヲ授ケ特ニ婦徳ヲ涵養スルヲ以テ目的トス」と、時勢に即する中堅女性としての婦徳を養い、知識技能を修得することを明

生花の授業

作法の授業

文化した。大正十五（一九二六）年、新築の作法室には扁額「誠実・勤勉」が掲げられ、後に「協和」を加え「誠実・協和・勤勉」を校訓と定めた。これは現在でも学園を支える規範となっている。

大正十二（一九二三）年の『卒業記念写真帖』には、作法の授業の写真が掲載されている。

同じく『大成学園百年史』（平成二十二年八月、学校法人大成学園）には、和室での生け花の授業の写真が掲載されている。

「作法の授業」の写真からは、厳粛な空気が伝わってくるが、ここでは、「生花の授業」の教室正面の扁額について述べたい。この額は右から「動静□法」と書かれている。左から二番目の文字がかすれて判読が難しい状態であるが、これは、「有」という漢字であると思われる。即ち「動静有法」であり、「動静法有（どうせいほうあり）」と読むことが出来る。

この言葉は、中国後漢時代の班昭（はんしょう）という人が作ったといわれる『女戒』の中に出ている。この女戒書は、女性の模範的な生き方を説き、女性教育の教科書的な役割を果たしていた。

女有四行、一曰婦徳、二曰婦言、三曰婦容、四曰婦功。夫云婦徳、不必才明絶異也、婦言、不必弁口利辞也・婦容、不必顔色美麗也、婦功、不必工巧過人也。清問貞静、守節整斎、行已有恥、動静有法、是謂婦徳。

女性が守るべきいましめで、動静に節度（ほどあい・行き過ぎない適当な程度）がある意。立居振る舞いが美しく、静かであり、どこから見ても、恥じをかかないように振る舞うことをいう。つまりは、節度を持った振る舞いをすることにある。豊田芙雄は、安政四（一八五七）年の十三歳の時に「小笠原流女礼一〜三」を書写し、十八歳の時には、『武家女誡』（斉昭著）を書写し、武家の娘としての生き方を学び修めている。

昭和四（一九二九）年、新しく大成高等女学校が設立され「女子ニ須要ナル高等普通教育ヲ為スヲ目的トシ特ニ国民道徳ノ養成ニ力メ婦徳ノ涵養ニ留意スベキモノトス」女子に必要な知識技能を授けると共に品性を陶冶し常識を涵養し、勤労協同を愛好する習慣を養い、国民生活に必要な基礎的能力を修得することを教育方針とした。

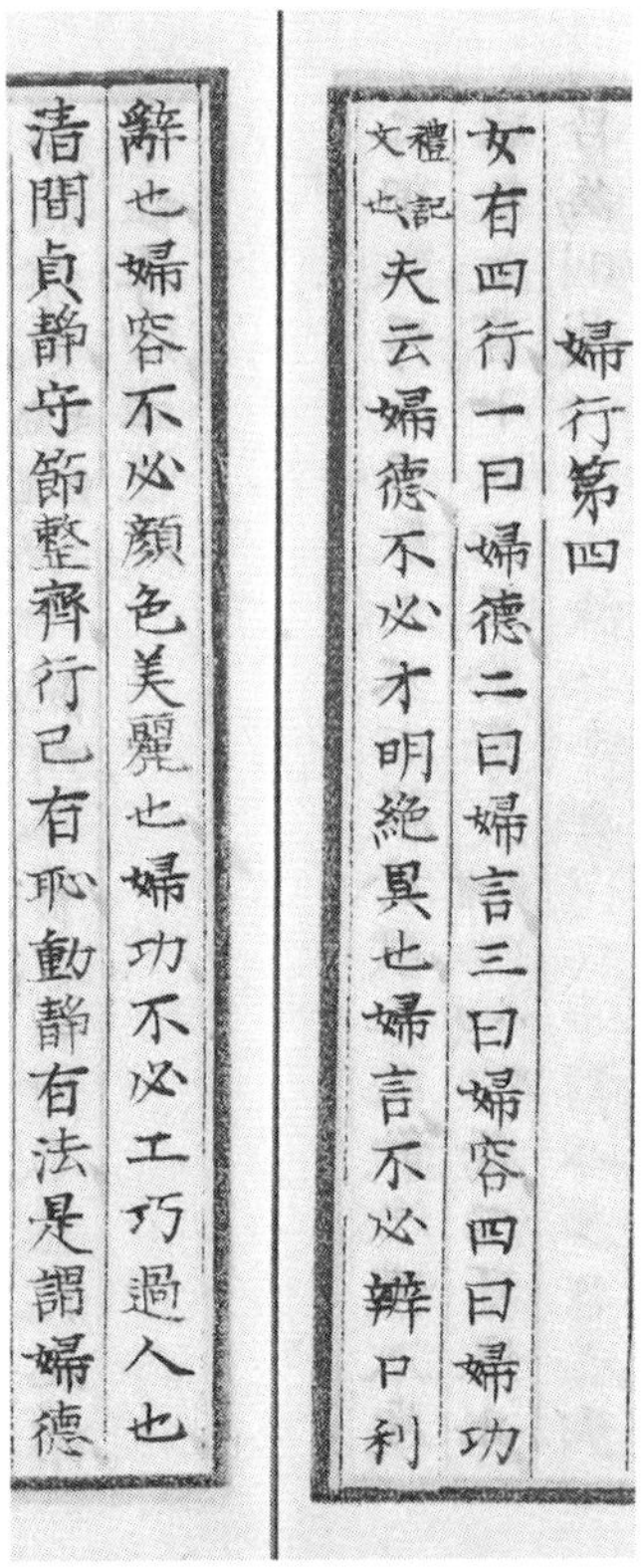
婦行第四
女有四行一曰婦德二曰婦言三曰婦容四曰婦功
禮記文也 夫云婦德不必才明絶異也婦言不必辯口利
辭也婦容不必顔色美麗也婦功不必工巧過人也
清閒貞靜守節整齊行己有恥動靜有法是謂婦德

女性の生き方を説いた女戒書

昭和八（一九三三）年、新築落成した校舎の新しい作法室には、文部大臣鳩山一郎の揮毫による「温良貞淑」の扁額が掲げられ一層の光彩を放った。豊田芙雄は、明治十九年四月に共立女子職業学校の設立発起人二十九人（後に五名参加し、三十四名）の一人になっている。関わりとして鳩山一郎の父・鳩山和夫は文部省第一期留学生、弁護士で東京府議会議員。母の春子は東京女子師範学校（現・お茶の水女子大学）の英語教師、明治十九年に共立女子職業学校（共立女子大学）を創立している。豊田芙雄にとっても、淑女教育は最高の理想像であった。

大成高等女学校の作法室と「温良貞淑」の扁額

昭和二十（一九四五）年八月一日夜半から二日の未明にかけて水戸市が空襲を受けた。額賀修は、『水戸空襲戦災誌』（昭和五十六年八月一日、水戸市役所）の中で、

> 学校にも焼夷弾が雨のように降りそそぎ、バケツリレーどころか、身を伏せて退避するのが精いっぱいであった。一面火の中を退避をつづけ、気が付いた時には那珂川の堤上にいた。（中略）朝の五時頃火勢が衰えたので学校に戻った。しかしすでに校舎は全部焼け落ち、すべて灰燼と帰したのであった。ただ茫然自失の気のぬけた人間という言葉がぴったりあてはまるように感ぜられた。見舞客が二、三人訪れはじめた頃栃木県の益子町に住む卒業生が「昨夜東の空が真っ赤になって水戸が全滅したとの噂が伝わり、先生の身を案じてかけつけました」

と、米・野菜・漬物・茶碗など満載した自転車で夜道を走りつづけ、赤塚からは焼けた電柱電線をふみ超えて、余燼くすぶる中を慰問してくれたことが今でも忘れられない。こうした温かい卒業生がいるかぎり、どんなことをしても学校を再建し、心豊かな女性の育成にあたらなければならないと決意したのであった。

と記録している。上市全体が廃墟と化してしまい、これにより創立当時から保管されてきた多くの貴重な資料も灰燼と帰してしまった。

昭和二十三（一九四八）年、学制改革によって大成女子高等学校と改称し新制の高等学校となり、昭和四十二（一九六七）年には茨城女子短期大学を開学し、一貫して女子教育に専念してきた。

創立以来の理想像である「集大成」「時代に即した堅実な女性の育成」「温良貞淑」「大和撫子」の精神と「小笠原流礼法」の実践、「人格高き女子の育成」や校訓である「誠実・協和・勤勉」は学園関係者の協力と努力によって着実に進められ、時代の要望や地域の要請に即応しながら女子教育、実社会に役立つ女子の育成に努めてきた。

掲載された和歌の最後の部分には猿田千代の「をみな子の範とつくせる幾十年君がいさを丶た丶へざらめや」の詠唱がある。

次に「慈雨集」の和歌の中で大成女学校と書かれた部分から転載したい。

をみな子の範を示せる師の君のいさをは高き富士の雲かも　大成女学校　桧山のふ子

世にしるき長を心のともしとしまなびの道にきほひ進まむ　波野辺幸子

霜白き冬野か中に老松のいろひとしほにしるけかりけり　浅川寿美子

老の身の教へのむちをとり給ふ師のみさかえを千代に祈らむ　岡部　きみ

尊けれ八十路をこえし師の君のわが学び舎に道ときたまふ　谷中みちゑ
ときはなる松か枝いよ〳〵色深くわが撫子の園を守れる　田口　静
冬深み置く霜白き野か果てにそひゆる松の色そはえぬれ　鈴木喜久江
八十路こえて師のとるむちの尊けれ人のかゝみと仰ぎまつらむ　高倉ふき子
あし引きの山のもみち葉うつろひてみとり色濃き松の一もと　飯島とく子
栄ある師の君いよよ幸あれといのりてやまぬ吾等学び子　藤田　春乃
常磐木のとはにかはらぬ色見せてみちのしるへとなれる君かな　古谷りん子
かきりなき喜ひかなや師の君のいやまさりゆくすこやかさこそ　岡崎きく子
としおいて教への道にいそしめる師のみいさをゝ祝ふうれしき　山崎さた子
年を経し園の梅かも師の君のいさをはいよゝ香に匂ひぬる　大塚　綾子
師の君の教への露にうるほひて千代に匂はむ大和なでしこ　小沢　富美
いさをしは雲井に高くきこえたる師を迎へつるけふのうれしさ　菅井とみ子
年毎にみとりいやます老松のみいさを神もめてたまふらむ　飛田かつ子
いや高き恵みの露にうるほひて栄へ行くらむそのゝ撫子　小出　ふく
家の風吹き伝へたる老松の高き姿を仰ぐ今日かな　佐方　鎮子
君をしもさとのほこりと教へ子がいく年かけて仰ぎみるかな　森戸　うめ
千代経とも香にや匂はんをみな子の範としなりて立てしいさをし　岸　とよ子

以上であるが、『なでしこ会会員名簿』（平成十七年一月二十五日発行、大成女子高等学校なでしこ会水戸市五軒町三―二―六十一）によると、約半数が本科第十六回（大正十五年三月卒業）であり、専科第十七回（大正十五年三月卒業）が数名それに本科第十七回（昭和二年三月卒業）生が数名となっている。巻頭の桧山のぶ子は、「職員住所氏名」（大正十五年三月、卒業写真帖）によると職員名に桧山のぶとある。尚、後半に二、三名同窓会名簿上同名者による和歌が掲載されているが省略した。

豊田芙雄の教え子たちによる和歌には、身近で、実直に豊田芙雄を慕う姿が出ており、尊敬の念と温かな学園風景が感じられる。ちなみに女学生の和歌が掲載されているのは、大成女学校だけである。大成学園においては、現在でも学園のシンボルとなっている撫子が「撫子の園」「大和なでしこ」「その、撫子」として作品に表出されており、「撫子の花のような女性」の理想像が、古い時代から続いていることに対して、伝統校の重みと気品と気高さを感じさせるものがある。

大正十三年一月十一日の『いはらき』新聞の「水戸の婦人に望むこと」の中で、豊田芙雄は、「表面の事のみ止まつてゐてあまりに精神的のところが欠けている様です」と述べ、女学生は華美にならぬようにし、「只今の教育のやうに、たゞ知にのみ走る事は精神の美の失はれてしまふもので、また教育者そのものもたゞ学芸技術を授けるだけでは到底真の教育は出来ない。つまり『まづその人を得よ』であると思ひます」と現今の教育が知のみに偏っていて精神教育の方があまりにも等閑になっているのではなかろうかと読者に投げかけていることでも豊田芙雄の教育観の一面を垣間見ることが出来よう。

Ⅲ

最後に一部重複する所もあるが、平成二十四年年十月二十日から十一月十一日まで大洗町幕末と明治の博物館で開催された「幼児教育・女子教育の先駆者豊田芙雄展に寄せて」（平成二十四年十一月二十八日、茨城新聞に寄稿掲載）を再度掲載して「豊田芙雄と大成女学校」の結びとしたい。

大洗町幕末と明治の博物館では、平成二十四年十月二十日から十二月十一日まで「日本人初の幼稚園保姆豊田芙雄―幼児教育に捧げた九十七年の生涯―」の企画展が開催された。

芙雄という名前から、一般には男性かと思われる方も多い。本名は「冬」であったが、結婚五年後、尊皇開国論者であった夫小太郎が京都で暗殺されたことから、夫の遺志を継ぎ「芙雄」と改め学問に励んだ。芙雄の母は、藤田幽谷の二女で藤田東湖の妹にあたる人物で、学問に恵まれた家庭で育まれたことが、その生涯に大きな影響を及ぼしている。

会場となった大洗町幕末と明治の博物館

松の林を通りぬけ、モダンなエントランスホールから館内の長い廊下を右左に折れ、一番奥にあるのが企画展示室。入口には、飯村丈三郎から贈られた丸にたちおもだか五つ紋入りの着物が印象的で、芙雄晩年の肖像画がほほえんで迎えてくれる。はじめの芙雄略年譜は、今後の芙雄研究の指針となる最も基礎的な資料となるものである。

展示ケースに見る芙雄の少女時代はすでに、『論語』『孟子』を学び、十三歳で『小笠原流女礼』を書写し身につけ、薙刀や裁縫なども習っており、文久三年十九歳時には、徳川斉昭著による女性の心得『武家女誡』を書写している。

明治八年十一月二十三日、芙雄が水戸の発桜女学校を辞し、上京するに当たっては、教え子たちが、名残惜しみ長岡の宿まで同道見送った別れの言葉として「学事に勧め侍れと、又さらにひたすら婦徳を修め文質

大洗町幕末と明治の博物館にて左から高橋操・清賀子ご夫妻、
小野孝尚・春江＝平成24年12月9日

彬彬たる女君子に成立したまふを希しての老婆心に有りのみ」と贈った戦災・水難による断簡から芙雄の人間教育が窺われ、心打たれるものがある。

上京した明治八年十一月二十八日付にて東京女子師範学校（現お茶の水女子大学）の読書教員となり、翌年の十月十二日には、日本の幼稚園保姆第一号となる辞令を現在のお茶の水女子大学附属幼稚園から受けている。いわゆる日本の保姆第一号といわれ、こんにちでは、あるいは現在の保育園の保育士と思われている方もおられるようであるが、辞令には「幼稚園保姆」とあり、現在の幼稚園教諭であった。

日本ではじめてとなった幼稚園では、フレーベル主義教育を導入し、ドイツ人の松野クララから伝習したが、文字通り手探り状態であった。

その後、芙雄は、日本で二番目となる鹿児島女子師範学校附属幼稚園（現鹿児島大学教育学部附属幼稚園）の設立と運営に尽力した。

明治二十年になって、旧水戸藩主徳川篤敬がイタリア公使となり、渡欧の随行員となった芙雄は、同時に文部省から「渡欧中女子教育事情取調べ」の辞令を受けて調査し、帰国後明治二十三年一月二十二日付で「伊太利国女子教育ニ係ル報告」をし、女性の登用と社会的地位の向上を挙げた。

帰国後は、栃木県高等女学校（現栃木県立宇都宮女子高等学校）に赴任し、六年間勤務の後、故郷の水戸に戻り、茨城県水戸高等女学校（現茨城県立水戸第二高等学校）の教壇に立ち、その後水戸市大成女学校（現大成女子高等学校）の教諭となった。

水戸市大成女学校では「人格高き女子を造れ」の標語を掲げ日々指導にあたり、大正十四年からは、校長職を務め学内教育のみに留まらず世間一般にも『いはらき』紙上等で「先ず人を得よ」と人間教育の大切さを説いている。

豊田芙雄展の略生涯を顧みて、その教育理念には一貫したものが流れている。即ち水戸で初めて教員になり、その後、上京時の別れに子どもたちに贈った断簡の「学事に勧め侍れ」「さらにひたすら婦徳を修め」「文質彬彬たる」に窺われ、これは生涯を貫いているもので、帰郷後の水戸市大成女学校校長時代における文質彬々と知育・徳育両輪を基本とした人間性豊かな教養ある女子の育成に連なるものであり、まさしくその生涯は、儒学を中心とした水戸学精神が生み育んだ文武不岐の女丈夫であった。

この度の企画展を通して、幕末という時代に水戸で生まれ、夫の遺志を継いで明治という新しい時代に幼児教育・女子教育のための基礎作りに励んだその人となりから、今、現代を生きる私たちに語りかけてくるその声を聞こう。

豊田芙雄関係略系譜

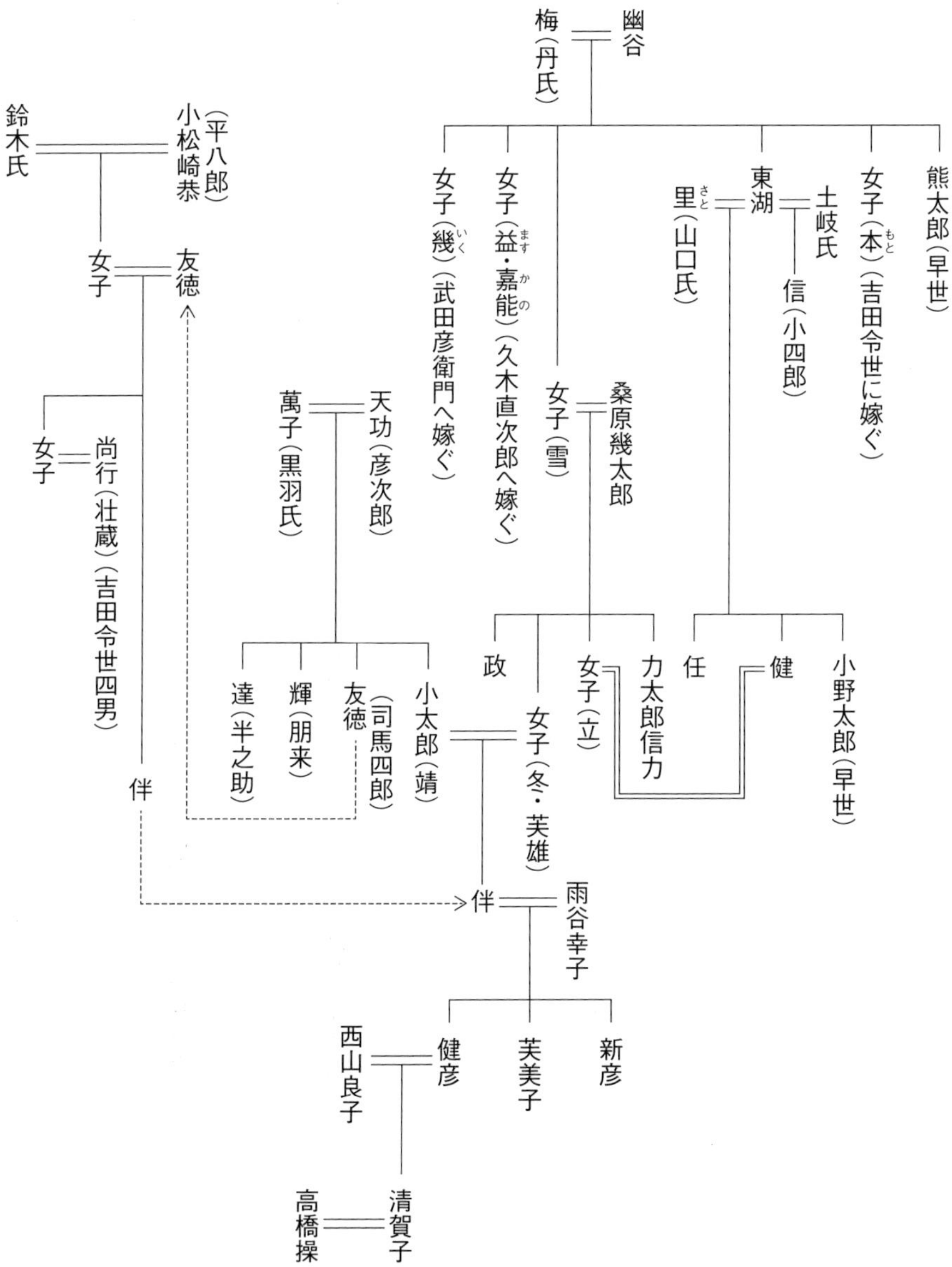

参考　水府系纂（徳川ミュージアム）豊田芙雄と草創期の幼稚園教育（建帛社）・
日本初の幼稚園保姆豊田芙雄（大洗町幕末と明治の博物館）

豊田芙雄略年譜

弘化二年（一八四五）一歳
十月二十一日、桑原治兵衛・雪の二女として水戸城下信願寺町（藤坂町）で現在の五軒町三丁目に生まれる。冬と命名。

嘉永三年（一八五〇）六歳
柴田政衛門（『水府系纂』には将衛門とある）夫人から手習い（習字）をはじめる。母から詩歌を読み聞かされる。

嘉永五年（一八五二）八歳
一月、吉田松陰が父を訪ね来る。

安政二年（一八五五）十一歳
十二月七日、水戸から江戸に移る（江戸には十二月十日着）。

安政三年（一八五六）十二歳
深作治十婦人筆子に書道・女礼式・裁縫等を学ぶ。新井源八郎の母に穴澤流薙刀の伝授を受ける。
二月二十四日、弟政生まれる。

安政四年（一八五七）十三歳
八月十九日、母雪亡くなる。享年四十二歳。

安政五年（一八五八）十四歳
五月、「小笠原流女礼一～三」を書写する。

江戸に住む

水戸時代Ⅰ

九月、江戸から水戸へ帰る。父治兵衛から経書や和書を学ぶ。

文久元年（一八六一）十七歳

三月、姉立、藤田健と結婚。

七月二十四日、兄力太郎、太田高と結婚。

十月十日、父治兵衛亡くなる。享年六十二歳。

文久二年（一八六二）十八歳

六月二十八日、豊田小太郎（二十九歳）と結婚。「武家女戒」の書写を終わる。

文久三年（一八六三）十九歳

一月二十六日、小太郎緒方洪庵の診察を受けに江戸に向う。

三月二十二日、小太郎水戸に帰る。

元治元年（一八六四）二十歳

一月二十一日、舅天功亡くなる。享年六十歳。

三月十五日、小太郎家督を相続。百五十石。

六月一日、小太郎彰考館総裁代となる。

慶応二年（一八六六）二十二歳

六月九日、小太郎脱藩して江戸に向う。

九月二日、小太郎京都で暗殺される。享年三十三歳。

慶応三年（一八六七）二十三歳

九月二十七日、小太郎の追悼文を書く。兄力太郎から学問を学ぶ。

明治元年（一八六八）二十四歳

川崎巌の家塾で漢籍を学ぶ。

明治三年（一八七〇）二十六歳

五軒町の自宅で開塾。この頃名前を芙雄に変える。

明治六年（一八七三）二十九歳

発桜女学校（現在の五軒小学校）の教員となる。

明治八年（一八七五）三十一歳

十一月六日、辞職願を出す。

十一月二十九日、東京女子師範学校開校式に出席。

明治九年（一八七六）三十二歳

五月十七日、東京女子師範学校四等訓導の辞令を受ける。

十月十二日、附属幼稚園保姆の辞令（本校と兼務）を受ける。

［近藤浜（後に近藤幼稚園、近藤幼稚園練習所を開設）附属幼稚園保姆として採用］

十一月六日、松野クララから保育法の伝習を受けはじめる。

明治十年（一八七七）三十三歳

四月六日、兄力太郎、西南戦争（植木・木留の戦い）で戦死。享年四十一歳。

八月二十七日、東京女子師範学校助訓の辞令を受ける。

九月二十二日、寄宿舎副監兼務の辞令を受ける。

十一月二十七日、幼稚園開業式（前年の十一月十六日に開園）。

十二月、遊戯唱歌「家鳩」（芙雄改訳）上申。

明治十一年（一八七八）三十四歳

三月一日「代紳録全」の作成をはじめる。

明治十二年(一八七九)三十五歳

一月二十二日、「代紳録二」の作成をはじめる。

一月二十四日、鹿児島幼稚園設立のための出張辞令を受ける。

三月十三日、幼稚園開設に付該当業務申し付け辞令を受ける。

[この頃桜川以智(後に西郷菊次郎の要請で台湾にわたり、宜蘭幼稚園を開設。昭和十五年に藍綬褒章を受けた。台湾の幼児教育に功績を残した)と堀文が鹿児島から東京女子師範学校保姆練習科に派遣され、明治十四年二月に修了し、鹿児島に帰る]

四月一日、鹿児島女子師範学校開業で祝辞。

七月十六日、鹿児島女子師範学校附属幼稚園開園式。

九月十九日、鹿児島出張六カ月延長の通知を受ける。

明治十三年(一八八〇)三十六歳

[春頃から古市静子(洗足うさぎ幼稚園創立)が助手となる]

五月八日、弟政、加藤木直と結婚。

六月一日、鹿児島より帰京申し付け。

明治十四年(一八八一)三十七歳

五月二十四日、皇后陛下行啓。幼稚園で御前授業を行う(横川楳子(うめこ)と共に積木の指導)。

七月十八日、幼稚園教員勤務辞令を受ける。

十二月二十三日、東京女子師範学校助教諭の辞令を受ける。同日、幼稚園教員兼務に付き辞令を受ける。

東京時代Ⅰ

鹿児島時代

東京時代Ⅱ

明治十八年（一八八五）四十一歳

三月二十五日、文部省から女子師範学校幼稚園保育法、家政科教員免許状を受ける。

九月七日、東京師範学校助教諭の辞令を受ける。

九月十日、生徒取締幼稚園教員兼務に付き辞令を受ける（右辞令共に男女師範合併による）。

明治十九年（一八八六）四十二歳

二月二十日、高等女学校掛雇申付けの辞令を受ける。幼稚園との直接の関係がなくなる。

四月、共立女子職業学校（共立女子学園）の設立発起人の一人となり、寄宿舎舎監となる。

明治二十年（一八八七）四十三歳

九月十六日、欧州滞在中、女子教育に有益となる事項を本国に報告するよう通知を受ける。

十月八日、旧藩主徳川篤敬イタリア全権公使夫人総子の随行員として欧州に出発する。十一月、ローマに到着。

明治二十一年（一八八八）四十四歳

夏イタリア北部地方を視察。

明治二十二年（一八八九）四十五歳

八月、パリで開催の万国博覧会を見学。

十二月、徳川総子とその長男、根本正も同行し、欧州を出発して帰国の途へ。

明治二十三年（一八九〇）四十六歳

一月、帰国し、洋行決算報告書。

一月二十五日、『大日本教育雑誌』に「伊太利国女子教育に係ル報告」文が掲載。

九月六日、『女学雑誌』（二百二十九号）に「幼稚園」（豊田芙雄子）掲載。

東京時代Ⅱ

イタリア時代

東京時代Ⅲ

九月、根本正・徳子の媒酌人となる。
十月十一日、『女学雑誌』（二百三十四号）に「無学是れ女の貞徳乎」（豊田芙雄子）掲載。
明治二十四年（一八九一）四十七歳
一月十四日、東京府高等女学校教務委嘱の辞令を受ける。
明治二十五年（一八九二）四十八歳
伴、雨谷直長女幸と結婚。伴三十歳、幸十八歳。
明治二十六年（一八九三）四十九歳
十月十六日、東京府高等女学校に教務嘱託解雇願を提出。
明治二十七年（一八九四）五十歳
四月、翠芳学舎開校。教師に竹澤里、根本徳子。
十月十一日、翠芳学舎設置許可される。
明治二十八年（一八九五）五十一歳
四月一日、栃木県高等女学校教諭の辞令を受ける。
四月十二日、栃木県尋常師範学校教諭兼任辞令を受ける。
明治二十九年（一八九六）五十二歳
五月二十一日、栃木県高等女学校並びに尋常師範学校の舎監をする。
明治三十年（一八九七）五十三歳
三月、『心の栞』を刊行。
四月、尋常師範学校及び舎監を免ずる辞令を受ける。
明治三十三年（一九〇〇）五十六歳

宇都宮時代

東京時代III

三月三十一日、兼栃木県高等女学校舎監を免ずる辞令を受ける。

明治三十四年（一九〇一）**五十七歳**

二月一日、茨城県高等女学校教諭の辞令を受ける。

三月十日、『女子家庭訓』を出版。

三月十八日、国語漢文科教員免許を受ける。

明治三十六年（一九〇三）**五十九歳**

四月九日、兼茨城県女子師範学校教諭の辞令を受ける。

四月十六日、兼茨城県女子師範学校舎監茨城県水戸高等女学校舎監の辞令を受ける。

八月六日、茨城県水戸高等女学校教諭兼茨城県女子師範学校教諭の辞令を受ける。

明治四十年（一九〇七）**六十三歳**

七月、穴澤流薙刀免許状を受ける。

十月、正八位に叙せられる。

明治四十一年（一九〇八）**六十四歳**

五月二十八日、姉立亡くなる。

明治四十四年（一九一一）**六十七歳**

四月七日、茨城県女子師範学校舎監兼職を免ずる辞令を受ける。

四月十七日、茨城県師範学校舎監兼職を免ずる辞令を受ける。

大正元年（一九一二）**六十八歳**

九月九日、弟政亡くなる。享年五十七歳。

大正二年（一九一三）**六十九歳**

水戸時代II

宇都宮時代

二月二十日、看護学修業証書を受ける。
十二月十日、従七位に叙せられる。

大正五年（一九一六）七十二歳

五月十三日、茨城県水戸高等女学校教諭免職辞令を受ける。
五月三十一日、茨城県水戸高等女学校講師嘱託辞令を受ける。
九月十五日、勲六等宝冠章を受章。

大正六年（一九一七）七十三歳

四月、水戸市大成女学校教諭となる。

大正十一年（一九二二）七十八歳

四月一日、水戸高等女学校講師解職辞令を受ける。

大正十三年（一九二四）八十歳

一月十一日、『いはらき新聞』に「水戸の婦人に望むこと」掲載（小松原暁子取材）。
二月十一日、小太郎従五位を贈られる。
三月、水戸市大成女学校教諭を辞職する。

大正十四年（一九二五）八十一歳

四月、水戸市大成女学校校長就任。
十二月十七日、茨城県公会堂にて八十歳になったお祝い会が開かれ、二百名が出席。
十二月十七日、『いはらき新聞』に「芙雄号」が掲載される。

昭和三年（一九二八）八十四歳

十一月二十九日、東京女子師範学校五十年記念祝賀会祝典に出席。

三月、老齢のため水戸市大成女学校を辞職する。

八月、倉橋惣三、水戸の芙雄を訪ねる。

十一月十五日、『幼児の教育』に倉橋惣三「我国最初の保姆豊田芙雄女史をお訪ねして」掲載。

十一月二十九日、上京し、東京女子師範学校附属幼稚園遊戯室にて、幼稚園懐旧談話会に出席。

十二月十五日、『幼児の教育』に新庄よし子「幼稚園懐旧談話会の日に」掲載。

昭和四年（一九二九）八十五歳

一月十五日、『幼児の教育』に「幼児教育の今昔」掲載。

八月十五日、『幼児の教育』に「保育の栞」掲載。

九月十五日、『幼児の教育』に「保育の栞」（承前）掲載。

昭和五年（一九三〇）八十六歳

一月二十四日、宮本美明、水戸高等女学校の校長に就任する。

三月二十五日発行の『茨城人名辞書』に水戸市大成女学校の校長に豊田芙雄とあり、教諭に中里節子、楠ふゆ子、羽田野芳美、蒔田久子。教諭心得に城戸千代、吉野久子、伊藤うめ、谷中みちゑ、田口静とある。

五月二十五日、倉橋惣三・新庄よし子共著『日本幼稚園史』が出版される。

七月七日、豊田伴亡くなる。

昭和七年（一九三二）八十八歳

十月二十一日、米寿の祝いを行う。記念和歌集『思ひ出くさ』を刊行。

昭和九年（一九三四）九十歳

四月二十二日、秀芳会（水戸高等女学校同窓会）主催による九十歳のお祝いを行う。

昭和十年（一九三五）九十一歳

この年頃まで随時教壇に立つ。

九月六日、宮本美明校長が中心となり、数名の教師が豊田宅を訪問し、座談会形式で聞き取りをはじめ、伝記をまとめる考えであった。この聞き取りは五回行われており、昭和十一年六月十二日が最後となる。豊田芙雄の健康を気遣って途中で中止された。鹿児島から帰京後、明治二十年九月に渡欧の途に着いた所までの聞き取りとなっている。

秋、夫小太郎の墓を京都から水戸の常磐共有墓地に改葬する。

昭和十二年（一九三七）九十三歳

七月、水戸駅頭でヘレン・ケラーを迎える。障害者の教育や福祉にも理解があった。

昭和十五年（一九四〇）九十六歳

三月三十日、宮本美明水戸高等女学校校長を退任する。

六月九日、『サンデー毎日』に「生きてゐる歴史」が掲載。

昭和十六年（一九四一）九十七歳

十二月一日午後七時二十分、近親者に見守られて逝去。

没後

昭和十七年（一九四二）

三月十五日、宮本美明『保育』三月号に「日本幼稚園の最高恩人　豊田芙雄先生の思出」を掲載。

昭和三十二年（一九五七）

五月二十五日、安省三『日本幼稚園創設功労者　豊田芙雄先生の生涯』茨城県幼稚園長会代表者関博発行（全国公立幼稚園長会水戸大会が開かれ、参加者に頒布された十五ページの冊子。参加者一同が芙雄の墓参）。

昭和五十一年（一九七六）

八月二十日、安省三『日本幼稚園創設の功労者　豊田芙雄先生を憶う』茨城県学校法人幼稚園協会から刊行。

十一月、豊田芙雄子と茨城県保育まつり開催。「芙雄号」「生きてゐる歴史」復刻頒布。「幼稚鳩巣戯劇之図の絵葉書」等発行。

十一月十日、渡辺宏編『日本の保母第一号　豊田芙雄子先生と保育資料』刊行。

昭和五十四年（一九七九）

五月十五日、渡辺宏『日本幼児教育の先覚―豊田芙雄子と渡辺嘉重』ふるさと文庫　崙書房から刊行。

昭和六十三年（一九八八）

九月一日、安省三『日本幼稚園創立初代保母　豊田芙雄先生の生涯』栄光学園から刊行。

平成四年（一九九二）

三月から、豊田芙雄子像（水戸市教育委員会より）建立。水戸市ゆかりの歴史上の人物十人の像の一つ。現在の水戸第二高等学校正門左側。

平成五年（一九九三）

三月一日、『常陽藝文』の「藝文風土記」に「日本の保母第一号　豊田芙雄と水戸」紹介。

平成十七年（二〇〇五）

十一月四日～六日、「里美文化祭」の中で、天功・香窓（小太郎）・芙雄の遺品展。

平成二十二年（二〇一〇）

三月一日、『豊田芙雄と草創期の幼児教育』前村晃、高橋清賀子、野里房子、清水陽子著　建帛社から出版。

平成二十四年（二〇一二）

十月二十日～十二月十一日、大洗町幕末と明治の博物館で「日本人初の幼稚園保姆豊田芙雄～幼児教育に捧げた九十七年の生涯」の展示。

十月二十日、『日本人初の幼稚園保姆豊田芙雄～幼児教育に捧げた九十七年の生涯』図録刊行。

平成二十五年（二〇一三）

三月、『ぴよんど』（水戸市長公室男女平等参画課発行）で豊田芙雄の特集。高橋清賀子インタービュー。

平成二十六年（二〇一四）

三月三日、『豊田天功・香窓・芙雄物語～激動の幕末、維新期を生きて～』同顕彰会から刊行。

平成二十七年（二〇一五）

十一月十九日、『豊田芙雄と同時代の保育者たち—近代幼児教育を築いた人々の系譜』前村晃著　三恵社から出版。

平成二十八年（二〇一六）

三月、観光冊子『ｃｉｄａｄｅ　街　偉人探訪記』に横山大観、常陸山と共に取り上げられる。発行は水戸歴史街道消費拡大グループ。

四月十三日、ＮＨＫ地域ニュース「いば６」にて「女子教育の先駆者・豊田芙雄」が放映。

五月二日、ＮＨＫ総合「首都圏ネットワーク」にて「女子教育の先駆者・水戸の豊田芙雄」と題し、茨城県を除く一都五県に向けて放映。

平成二十九年（二〇一七）

十一月二十五日、茨城女子短期大学開学五十周年記念講演会を水戸市京成ホテルにて実施。講師は、高橋清賀子。演題は「豊田芙雄を語る」。

平成三十年（二〇一八）

二月十四日、茨城県主催により、茨城県立歴史館にて、明治百五十年記念講演会が開催される。講師は、小野孝尚、演題は「幼児・女子教育の先達　豊田芙雄の功績」。

八月十一日～九月二十四日、茨城県立歴史館にてアーカイブス展「明治百五十年」記念展示「幼児・女子教育の先覚者豊田芙雄」が開催。

九月十五日、弘道館講座「日本人初の幼稚園保母 豊田芙雄」小圷のり子学芸員。

令和元年（二〇一九）

九月二十日、一般社団法人茨城県経営者協会主催による同協会創立七十周年記念事業「いばらき塾」で、小野孝尚が「豊田芙雄―先駆性と功績」と題し講演。

小野孝尚編

本年譜作成にあたりましては、『豊田芙雄と草創期の幼稚園教育』、『日本人初の幼稚園保姆豊田芙雄～幼児教育に捧げた九十七年の生涯』、『豊田芙雄と同時代の保育者たち―近代幼児教育を築いた人々の系譜』を参照させていただきました。年齢はすべて数え年となります。

あとがき

本書は、平成二十九年五月に茨城女子短期大学開学五十周年を記念して出版した『豊田芙雄　人格高き女子を造れ』を増補し、改題したものです。資料の掲載にあたりましては、豊田芙雄ひ孫の高橋清賀子先生にお世話になりました。高橋清賀子先生には、茨城女子短期大学開学五十周年の際、水戸市の京成ホテルで「豊田芙雄を語る」と題して記念講演をしていただきました。ご多忙の中をご主人の操様、弟の豊田明宣様、奥様の修子様には、前日から水戸入りしていただきまして、ご先祖様並びに豊田芙雄先生の御霊の眠られる常磐共有墓地をお参りになられてからホテルに入られました。式典当日の十一月二十五日は、快晴で、講演内容も親族故の親しみあるお話で、とても良い講演会となりました。高橋清賀子先生には、豊田芙雄と大成学園との関わりにつきまして特段のお墨付きを頂き、学園関係者一同大変光栄に存じます。高橋清賀子先生始めご親族の皆様には、祝賀会にもご出席をいただきました。祝賀会の会場も大変和やかで、温かな校風を感じていただけたのではないかと思います。

今から二十六年ほど前になりますが、月刊誌『常陽藝文』（平成五年三月号）で豊田芙雄の特集が組まれました。その中に「大正十二（一九二三）年には水戸大成女学校（現・大成女子高等学校）の校長に就任した」とありましたので、前理事長の額賀良一先生に世間では、「なぜ大成では、豊田芙雄校長の名前を出さないのであろうとの声があります。どうしてなのですか」と尋ねました。答えは、「内部からは確実な証拠がなく、水戸空襲で焼けてしまったので、記録が残っていない」とのことでした。確実性が無いということで、大成女子高等学校の記念誌等に記載されていないことも判明しました。百周年誌には、豊田芙雄の肖像写真は掲載されていますが、校長職については、未だ断定できない状況にありました。

平成二十一年の十一月に茨城県立歴史館寄託高橋清賀子家文書の中に大成学園創立者額賀三郎先生の書簡が残されていることを知り、早速調べると、その中に豊田芙雄についての記録があり、これが決定的な証拠となりました。残念ながら百周年の事業には、間に合いませんでしたが、額賀良一先生とさじ先生ご夫妻には報告することが出来ました。また、同じ頃豊田芙雄ひ孫の高橋清賀子先生に問い合わせの手紙も差し上げました。

その後の平成二十二年の三月には、『豊田芙雄と草創期の幼稚園教育』（建帛社）が出版され、この本は、日本保育学会保育学文献賞を受賞されました。そして、平成二十四年十月二十日から十二月十一日までの五十三日間、大洗町幕末と明治の博物館で、豊田芙雄の特別企画展「日本人初の幼稚園保姆　豊田芙雄　～幼児・女子教育に捧げた九十七年の生涯～」があり、ここで初めて、大成女学校のコーナーを作っていただくことが出来、晴れて豊田芙雄先生の校長職就任を世の中に知らしめることが出来ました。

本書の構成は、始めに『保育の栞』の全文の翻刻と頭注・補注を付しました。『保育の栞』は、豊田芙雄の現場指導の実践を踏まえた幼児保育論の先駆けとなるもので、保育者に対する指導書となるものです。次に「人格高き女子を造れ」の本文と頭注を付しました。これは当時、豊田芙雄が大成女学校の校長職にあり、最も力を入れていた女子教育論であり、大成学園の伝統ともなっているものです。「人間性豊かで社会に役立つ堅実な女性の育成」は、今日の社会でも立派に生き抜いてきております。原資料の発見につきましては高橋清賀子先生からねぎらいのお言葉を頂いております。

次の「茫々八十年の回顧」は、当時の『いはらき新聞』の「芙雄号」（大正十四年十二月十七日）に掲載された言わば「自叙伝」であり、逆境にも挫けず、強い意志を持ち、深い教養と行動力、人間性豊かな生き方は、時代を超えて現代社会を生きる若い女性たちの道標となるものと思われます。また本資料

「茫々八十年の回顧」は、教育をもって世の為人の為に尽くし、今日の幼児教育・女子教育の礎を築いた豊田芙雄九十七年の伝記的研究に於ける最も基礎となるもので、側注を施しました。側注には、豊田芙雄の自叙伝的な回顧を実証的に裏付けられる資料を紹介しました。中でも夫小太郎への二メートルを超す追悼の書には、亡き夫への深い愛情と夫の遺志を継ごうとする特段の決意が表れています。また、長岡宿での見送りの子どもたちとの別れの言葉には、豊田芙雄生涯を貫いたぶれることのない教育理念であったことが窺えます。「茫々八十年の回顧」の本文は、記者の戸祭良水と猿田千代の訪問取材によるものです。猿田千代は、茨城県初の女性ジャーナリストであり、大成裁縫女学校前身十一名中の卒業生の一人でもあります。

略系譜の作成にあたりましては、『豊田芙雄と草創期の幼稚園教育』（建帛社）『日本人初の幼稚園保姆豊田芙雄』（大洗町幕末と明治の博物館）を参考にさせていただき、『水府系纂』等により再確認をさせていただきました。

茨城女子短期大学では、幼稚園教諭に特化した教員免許更新講習を行っています。この形式の講習は、県内唯一のため、受講倍率は高くなっています。平成三十年は、百三十名の受講者でした。全日程五日間の最終日の最後の講義「草創期の幼稚園教育者豊田芙雄に学ぶ～幼児教育の原点を未来への懸け橋に～」を担当させていただきました。

教室いっぱいの受講生の皆さんは、疲れもみせずに熱心に聴講してくれました。豊田芙雄九十七歳の教育に捧げた生涯や足跡から、学ぶことも多く、受講生一人ひとりがそれぞれの感性で受けとめてくれました。その感想メッセージの一部を紹介します。「貴重な話を聞かせていただき本当にありがとうございました」「私のちっぽけな悩みも話を聞けたことで楽になれました」「自分を見つめ直し、とても有意義な時間となりました。ありがとうございました」「これからの人生を見つめ直すいい機会となりました」「保育の原点や女性としての生き方を学べ、とても印象深い時間になりました」「同じ女性として芙雄が人生をかけて伝えたかった事が心の中にしみ渡るような時間でした」「人間性豊かな女性になれているか。今後の私の人生がたのしみです」「もうすぐ六十歳に近いので子どもとの関わりも終わってしまうのかなと思っていました。しかし、豊田芙雄先生は、九十歳以上まで教育に取り組んでいたことに驚きました。まだまだ私も子どもたちと一緒に学んで行きたいと思いました。貴重なお話しをありがとうございました」「『人格高き女子を造れ』の話を聞けたことが本当に良かったです。在学中に話を聞き、興味や関心があったら、人生に大きな影響があったと思います」「今まで知り得なかった事実について講話を通して知り、学ぶことができたことを嬉しく思います」「初めて豊田芙雄を知り、とても偉大な歴史ある人物を学ぶことができ、とても光栄に思います」「県立歴史館での豊田芙雄の展示をぜひ見に行きたいと思います」その他にも、「知らなかった」「感動した」「共感できるものがあった」「頂いた本をゆっくり読ませていただきます」等の感想があり、自分の人生に照らし合わせ、保育者として、妻として、母として、一人の女性としてどうであろうかと考える時間をもたれたことがとても貴重な時間であったようです。郷土茨城ゆかりの幼児・女子教育の大先人について学び、その学びからは、誇りと自信と夢と勇気の心の芽生えが感じられ、豊田芙雄の教育理念を現代に蘇えらせ、今に生かし、これからの実践に役立て、更には未来への懸け橋となっていただきたいと思います。

受講生の皆さんから心の込もった温かいメッセージをいただき感激し、講師冥利に尽きる思いもありますが、私自身が励まされているようでした。これからも幼児教育の開拓者・女子教育の先覚者の生涯を捧げた大切な教えの継承と実践を発信続けたいと思います。折しも茨城県立歴史館では、明治百五十年記念

「アーカイブス展　幼児・女子教育の先覚者　豊田芙雄」が開催されていました。

本書の出版にあたりましては、高橋清賀子先生、徳川ミュージアム、茨城新聞社、茨城県立歴史館、お茶の水女子大学附属図書館、国立国会図書館、茨城県立図書館、豊田天功・香窓・芙雄顕彰会吉成英文様、茨城県観光物産課課長橘川栄作様、大洗町幕末と明治の博物館学芸員尾崎久美子様、大成学園理事長額賀修一先生、大成学園監事小塙義輔様、大成学園法人本部の額賀まゆみ先生にお世話になりました。

職場では、内桶真二表現文化学科長、助川公継保育科学科長、高木純一事務局長にお世話になっております。

令和に入って間もない、六月十七日に、突然高橋清賀子先生の御逝去の訃報をお受けしまして、驚きました。高橋清賀子先生には、いつも親切に、明るく前向きに対応して下さいました。温かくご指導を頂きました。ありがとうございました。本書を謹んで高橋清賀子先生の御霊前に献じます。

末筆ですが、本文中で敬称を省略させていただきました豊田芙雄先生を始め皆様にお許しいただければ幸いです。

令和元年八月二十三日

小野孝尚

編著者

小野孝尚（おの　こうしょう）

昭和19（1944）年生まれ

昭和47年３月　大正大学大学院文学研究科博士課程修了
大成女子高等学校教諭（昭和47年４月から昭和51年３月）
大成学園幼稚園園長（平成21年12月から平成26年３月）
現在、茨城女子短期大学学長、学校法人大成学園理事、日本私立短期大学協会理事、財団法人常陽藝文センター藝文学苑講師

茨城県芸術祭文学部門（評論・随筆）審査員
長塚節文学賞（短編小説）審査員

昭和47年11月　『高橋虫麻呂研究』　茨城県芸術祭文学部門　優秀賞
昭和61年10月　『茨城の近代詩人』上・下　筑波書林
平成３年３月　『詩人・澤ゆきの世界』筑波書林　茨城県芸術祭文学部門　茨城文学賞
平成16年３月　『霞ヶ浦と文学　韻文編』（共著）常陽新聞新社
平成23年12月　『上野壮夫研究』（共著）図書新聞社
平成25年４月　ミュージカル「かぜにうたえば～清水橘村の物語～」監修
　　　　　　　小美玉市四季文化館（みの～れ）にて上演
平成26年８月　『文化堂の今昔―常総市ますや飯田家』茨城新聞社
平成28年２月　『茨城の文学逍遥』泊船堂
平成29年５月　『豊田芙雄～人格高き女子を造れ』茨城女子短期大学開学50周年記念出版
平成29年８月　『茨城の近代詩人群像』茨城新聞社　茨城新聞社賞

幼児教育・女子教育の先達
豊田芙雄とその時代

令和元年10月23日発行

編著者＝小野孝尚
〒311－4152
水戸市河和田１丁目1586－27

発　行＝茨城新聞社

印　刷＝藤原印刷

定価2,700円＋税
ISBN978-4-87273-463-8